Salimata Traoré Rawlings

Le Talisman – Wagadem Setam

Salimata Traoré Rawlings

Le Talisman – Wagadem Setam

Éditions Muse

Imprint
Any brand names and product names mentioned in this book are subject to trademark, brand or patent protection and are trademarks or registered trademarks of their respective holders. The use of brand names, product names, common names, trade names, product descriptions etc. even without a particular marking in this work is in no way to be construed to mean that such names may be regarded as unrestricted in respect of trademark and brand protection legislation and could thus be used by anyone.

Cover image: www.ingimage.com

Publisher:
Éditions Muse
is a trademark of
Dodo Books Indian Ocean Ltd., member of the OmniScriptum S.R.L Publishing group
str. A.Russo 15, of. 61, Chisinau-2068, Republic of Moldova Europe
Printed at: see last page
ISBN: 978-620-3-86458-8

Table des matières

I. INTRODUCTION

1.1. Le Talisman : Poème

La vision panoramique de l'existence inclut le talisman

La vie s'incruste dans l'âme pour être ce bijou charmant

La croyance a valeur de liberté, elle soigne absolument

On confie au talisman la sécurité du corps résolument

Il assainit l'hygiène émotionnelle par un effet psychosomatique

Effet placebo, qu'importe ! Cela soigne la fragilité dogmatique

Et on est encore plus libre pour se mouvoir dans les airs

Le colifichet est désencombrement de l'âme en toute aire

Entre hantise du mal et désir, le talisman rassérène

Et marque la vie positivement la rendant bien sereine

Quand il est bienfaisant, il est obsession pour le bonheur

Malfaisant, il hante et emboîte le pas au diable, malheur !

Mais ne dit-on pas que le mal comme le bien revient ?

A celui qui l'a fait pour le châtier ou récompenser en bien

On recueille ce que l'on a semé dans de grandes vasques

La question morale ne doit jamais lâcher les basques

Elle doit s'étaler partout comme peinture à fresques

De tout charlatan ; entourant bien sûr toutes les frasques

Héritiers du monde, faites surtout le bien ; perpétuel et magique

Le mal est coma de comète, exhalant inlassablement du maléfique

Le talisman a l'ambition d'une vie dopée

Alors écartez le démon et voilà flopée

D'embellies inondant soi et autrui de mélopée

Par l'alchimie florale affective de vie enveloppée

Le vrai méchant s'allie au devin pour décupler sa force

Au détriment de l'humanisme qui est au diapason de la source

De vie, loin des fantasmes d'excavateur du malin

Que l'on envoûte pour l'humanisme, pour le grain

De plus se mouvoir en levier de joie pour des temps immémoriaux

Vaudou, dibia ; le sorcier africain doit être baume pour nos maux

Et non lever le diable de sa tanière pour l'enfer sur terre

Le talisman est valeur narcissique d'une quête qui sert

A augmenter l'estime de soi pour une séduction sorcière

Mais sans gravité pour qui que ce soit sinon le bonheur

Qui suinte abondamment avec des bisous à toute heure

Est essentielle au sahel et au désert, la croix d'Agadès

Rassurante au cou ou sur le cuir, éloigne le péril d'Hadès

En or ou en argent, c'est le faiseur de miracle du Touareg

Pour l'hygiène émotionnelle, le troc pour bien dans le reg

Y a l'étoile conviction au firmament, brillant de mille feux

Attestant de la convention, l'espoir pour tous les preux

Quand on la voit par la fenêtre c'est la hardiesse

Pour le projet de vie prohibant toute détresse

Le talisman entraîne réinterprétation du jeu social

Complète l'inachevé en beauté pour joie pérenniale

Mais beaucoup de talismans ont un pouvoir évanescent

Qui s'estompe peu à peu, il n'est pas du tout renaissant

A trop user du surnaturel, rétrécissant le pouvoir

Par la sollicitation continue omnivore par le vouloir

Comme la peau de chagrin de Balzac

Qui phagocyte la vie et laisse sur le tarmac

L'être qui a trop d'ambitions et une volonté de puissance

Voulant créer du néant par la convoitise, toute Byzance

1.2. Talisman et Culture

Le graphisme original des talismans paie allégeance à des maîtres spirituels. Certaines breloques répondent à un déploiement hypnotique de figures géométriques et de poinçons précieux pour séduire d'incontestables chemins de vie. Dans certaines cultures, on porte le talisman comme signe extérieur de protection. Les mélanges de métaux ont leur secret pour protéger le cœur, l'âme, les poumons mais aussi traiter l'être affecté d'allergies diverses. En or, argent et cuivre, le talisman est indispensable dans certaines cultures. Il est porté comme bijou au quotidien ou pendant les grandes fêtes et grands rassemblements où l'individu a besoin de protection spéciale ou de briller simplement par une aura renforcée par le colifichet magique.

Pour le Touareg, la croix d'Agadès est essentielle, tout comme la croix liée à une religion donnée. Que l'on veuille dénaturer le dessein premier de certaines amulettes en stigmatisant ceux qui y croient ou qu'elles resplendissent quoi qu'il en soit, en général ; les éléments de la nature et du ciel sont parodiés pour protéger comme leur référence au firmament, brillant de mille feux.

Le talisman atteste de la convention entre le porteur et l'analogon de l'astre ou du totem protecteur pour l'espoir, l'estime et la confiance. C'est ainsi une arme puissante réelle qui s'active dans certains processus d'évitement de la somatisation.

Dans ce porte-bonheur, entrent parfois en ligne de compte les pierres précieuses qui s'incrustent dans plusieurs supports. Rubis, émeraude ; la pierre s'investit à offrir au porteur l'action conjuguée du pouvoir et de l'aura exhalée, en adéquation avec le mois de naissance, l'astrologie individuelle. C'est dans ces ordres de considération que la couleur et la radiance doivent concorder avec le talisman. D'autres cieux, d'autres cultures ; ainsi, là où connaître la date de naissance importe peu, le talisman demeure un porte-bonheur incontournable au fil des initiations

Par conséquent, le talisman se retrouve sous des formes variées pour de brillantes perspectives dans la vie de l'individu. Les clochettes de pied font partie de ces assortiments qui s'improvisent comme charme protecteur et guérisseur. L'urticaire se soigne avec des clochettes en alliage de métaux comportant des points symptomatiques d'une peau en éruption dans plusieurs sociétés de l'Ouest de l'Afrique.

Les versets de livres saints sont des matériaux vivants, opérationnels que l'on dessine, peint, grave, pyrograve sur différents supports. Quand ils sont écrits sur des feuillets, on les enrobe dans du tissu tissé écru. En l'occurrence, dans la croyance ésotérique, les couleurs vives influencent fortement les destins. Elles sont susceptibles d'accélérer ou de faire dévier des doléances de leur trajectoire par l'influence exercée sur les codes du sort. Pour en faire des bijoux rarissimes, on fait appel aux tanneurs de cuir qui en général sont des griots pour les envelopper dans des couleurs exceptionnelles après les avoir emmailloté de fils blanc ou écru.

II. Sort, sortilège et conséquences

Cependant, tous les talismans ne se portent pas. Dans la gamme des artefacts malfaisants, on les enterre, les brûle ou même on les met dans des tombes nouvelles ou anciennes selon le maléfice que l'on voudrait opérationnaliser.

Le marché du talisman comme celui de la divination fore le rêve pour en retirer l'artefact ou le sacrifice rare pouvant aider à la réalisation des objectifs sensés et même aussi déments car il n'y a pas plus irrationnel que l'être humain, le bipède mangeur de soumbala asserte-t-on.

L'ésotérisme dans toutes ses versions est un vaste marché avec différents charlatans, marabouts et sorciers-féticheurs. Si la plupart détient des pouvoirs mitigés, il y a quelques-uns dont la virulence maléfique des potions et talismans fait intervenir les forces de l'ordre afin de limiter les dégâts dans la ville. Comme dans toute profession, on note un processus de spécialisation dans la conception des artefacts ésotériques. S'il y a des professionnels de l'amour, d'autres ont leurs colifichets réservés pour la malfaisance comme rendre fou l'adversaire, la coépouse ou tout autre être vers lequel est dirigé la jalousie, la haine, la convoitise. Mais comme on le dit, la conscience c'est Dieu présent en l'homme. Ces maîtres du mal résident dans des coins lugubres, difficiles d'accès comme si être physiquement accessible les exposerait bien plus rapidement à la sanction divine.

Mor Walaï était de ces marabouts qui officiaient consciencieusement, prodiguant des conseils, donnant des sacrifices à faire afin de tempérer l'amertume de la vie. Nul ne connaissait son vrai nom mais comme il ponctuait toutes ses diatribes finales en prenant Allah en témoin ; ce qui donnait Walaï. Pour ses adeptes, il était tout simplement Walaï.

Son hangar ne désemplissait pas dans la course divinatoire et sacrificielle. Chacun qui, pour se faire aimer davantage, pour écarter un concurrent virulent ou pour trouver le bon filon afin de devenir riche en un clin d'œil se dirigeait vers sa maisonnette.

L'épicentre de l'activité divinatoire partout dans ces villes grouillantes de monde se reportait toujours au crépuscule, quand la prière du soir était accomplie. La nuit permet de se faufiler furtivement vers la périphérie de la cité où les marabouts et charlatans aiment officier. Ils ont peu de clients quand ils ont pignon sur rue et dans des endroits reconnaissables facilement. Sans être proscrite, l'ésotérisme n'a pas chez tout le monde bonne presse bien que tous s'y pressent au moindre problème existentiel. Le sorcier, c'est le psychologue le plus accessible et le plus compétent dans le dénouement de crises et culs de sac notoire dans des vies houspillées par le besoin d'estime et d'amour, de la quête jamais achevée de la fortune jusqu'à l'absurde. L'ésotérisme, c'est le rêve à portée de main et c'est l'oreille attentive à laquelle l'on confie les élucubrations les plus démentes sans se faire prendre pour un demeuré.

2.1. Waga Dem Sétam ou Asséto : épouse no2

La vie brute et ses étonnements ouvrant la lucarne sur l'inconnu déplaît à certaines personnes. Elles veulent toujours entrevoir un peu de demain dans aujourd'hui. Aussi, elles sillonnent les glow-glow des villes et les villages à la recherche du magique pour une discursivité offrant de la substance pour des espoirs surfaits pour des solutions à des problèmes réels ou fictifs.

L'ésotérique est un domaine imbu de culture où les motivations plongent leurs racines dans une historicité ethnique pour une perspective futuriste meilleure. Pour d'autres, chercher à percer l'avenir nébuleux symbolise une certaine combativité, une poétique de l'inexorable désir de métamorphose de l'être. A l'instar du mythe de Sisyphe, c'est 'chercher midi à quatorze heures', explorer l'absurde à la recherche de l'impossible. Les accrocs d'ésotérisme adorent le fantastique qu'ils préfèrent au doute et à l'incertitude qui ceignent leur vie d'angoisse. Comme toute addiction, elle vampirise leur existence, contrecoup d'une sollicitation excessive des forces de l'ombre. Accélération brutale pour plus de bonheur et de prospérité ou un décollage pour l'enfer sont les conséquences d'incantations, de sacrifices de potions ou de talismans visant l'extraordinaire. En intermédiaire, des épisodes de chronique de feuilles à choux ou de réseaux sociaux lèvent le voile sur des résultats mitigés d'influences de sorciers sur l'exaltation du destin ou le grippage de la machine infernale mise en marche par des ennemis. La divination compense les insuffisances de l'infirme qu'est l'être humain à certains égards, mais elle ne devrait pas devenir obsessionnel au risque d'envoûter malheureusement les inconditionnels de gourous des temps modernes. La pénombre perpétuelle de certains destins est tributaire de ces pratiques surnaturels.

Les consultants de marabouts sont pour la plupart des rêveurs impénitents. De l'avis de Rousseau et un point de vue d'ailleurs largement partagé ; le monde de la réalité a ses limites alors que celui de l'imaginaire est sans frontières.

D'ailleurs, dans cette foire humaine bizarre à prétentions multiples, une femme au bord de la folie s'était mise à raconter à cette dizaine d'inconnus assis sous le hangar son histoire noire, invraisemblable.

« Le marabout a raison, moi aujourd'hui si je n'ai pas quelqu'un de sage pour me montrer la voie à suivre, j'irai me jeter dans la rivière. »

La dame entama un récit d'une longueur hors du commun mais les consultants restaient suspendus à ses lèvres au point où quand San ; l'homme dont le voisin avait ravi la femme et le marabout sortirent de leur conciliabule ; personne ne voulut suivre Walaï dans son antre de divination. Ils restèrent tous accrochés aux lèvres de Waga Dem Sétam ; son nom de naissance qui était tout un programme en Mooré. On l'appela Sétam pour simplifier cette triple dénomination. Mais une fois en ville, elle avait préféré le nom arabe à consonance mossi Asséto. Sinon, son nom était pour sa mère, une locution guerrière. C'était elle, la première femme qui signifiait à la nouvelle venue que 'le vol finira'. Ironie du sort, c'est sa fille qui ira se retrouver dans la position souvent enviée de nouvelle épouse, qui pourtant demeure toujours insatisfaite et voudrait voir la première disparaître comme si elle n'avait jamais existé dans la vie de leur homme.

Partager un homme menait à toutes les sorcelleries. On y rencontre tous les cas de figure comme quand on donne de force une deuxième femme reprouvée par le mari qui maintient quand même des liens privilégiés avec la première. C'est ce qui s'appelle selon une locution proverbiale locale : 'être en enfer et avoir froid'.

Mais pour Sétam, son alliance avait toutes les promesses du bonheur. Cependant, au lieu de se réjouir, elle se lançait à la recherche d'une hypothétique plénitude qui amenuisait ses perspectives de satisfaction comme une peau de chagrin.

Une femme chuchota à l'oreille de sa voisine qu'elle avait entendu ce récit diabolique sur les ondes de deux radios de la place.

« Ce doit être la même femme, elle a une voix fluette et parle avec un accent du Nord prononcé. Elle est déjà folle car qui ne se soucie plus de son honneur est un être fini ! Qu'on reconnaisse sa voix ou pas, à ce seuil de désespérance, elle n'en a cure !»

Des chuuut, chut ! Taisez-vous ou partez ! Fusaient de toutes parts.

Péremptoire, un homme malingre leur dit : « Si vous ne voulez pas entendre les détails du récit de Madame, laissez-nous l'écouter au moins ou 'vieillissez cet endroit !'» S'exclama-t-il.

Elles gloussèrent simultanément et se turent.

Asséto, c'est bien d'elle qu'il s'agissait ; était la femme atteinte comme d'un épanchement verbal traduisant une culpabilité presque tangible. Elle avait dévié son destin de sa trajectoire normale en prenant un talisman maléfique pour 'faire de sa nuit le jour et de son jour la nuit'. C'était bien elle, l'émouvante et diabolique deuxième épouse de Salam.

Le marabout même entreprit de s'asseoir avec ces invités d'une autre facture afin d'entendre la femme conter une vie de convoitise, de luxure et de malédiction perpétuelle. Mais ce Walaï devait avoir des pouvoirs certains. Le diable et les génies maléfiques n'entraient pas dans son antre. Ahan ! Donc voilà pourquoi Waga Dem Sétam pouvait s'asseoir au milieu de cet attroupement insolite sans que personne ne tienne son nez entre le pouce et l'index. Son cauchemar, le fantôme du cadavre dans la bouche duquel elle avait fourré le talisman avait été empêché de pénétrer avec son acolyte Waga Dem Sétam dans la cour du marabout par les anges gardiens du sanctuaire.

« Quand j'ai rencontré mon mari, il était déjà marié. Cependant, il me promit monts et merveilles et effectivement, il tint promesse en mettant tous ses biens à ma disposition. Mais quand l'âne va te désarçonner, tu ne fais pas attention à ses oreilles qui sont pourtant une alarme. J'étais insatisfaite, voulant cet homme en or pour moi toute seule. Ma vanité s'accrue quand je réussis à lui interdire les tours de cuisine chez sa première femme. Et comme je n'arrivais pas à concevoir, je commençai à user de sortilèges divers pour pouvoir tomber enceinte. Ce qui me mit dans une quête addictive, une dépendance au charlatanisme. Je courais dans tous les recoins de la ville pour consulter afin de savoir comment mieux accaparer, séduire mon homme et lui donner un enfant qu'il ne demandait curieusement d'ailleurs pas. C'est ainsi que dans mes pérégrinations je suis tombée sur un marabout m'offrant un maudit talisman qui coûtait les yeux de la tête. Ce sortilège est le summum du maléfice, il m'a pourrie la vie, complètement, irrémédiablement.»

Les adeptes de la quête absurde ont souvent le bonheur à leur pied mais poursuivent l'impossible jusqu'à leur propre damnation. Les atouts se perdent dans une chasse addictive d'un plus qui se révèle toujours comme pas assez, pourchassant une heuristique de l'ajout avec trop de plus jusqu'à gripper la machine du bonheur qui peut être supplantée par celle du démon.

La genèse de l'histoire d'Asséto était une fracture ouverte pour les membres de la famille de Salam. Elle vint changer les subtilités relationnelles dans la famille, son époux l'imposant à tous même sans combat visible. C'est avec elle que l'allégation de Voltaire selon laquelle les femmes ont été créées par Dieu 'pour apprivoiser les hommes' se vérifie.

Quand le sujet de l'élection d'une nouvelle femme dans son cœur était abordé, Salam ne répliquait pas mais il pensait dans son for intérieur que l'unique sortilège contre la mort, c'était le plaisir que l'on peut cueillir dans la tourmente existentielle. Il connaissait l'ampleur de son mal depuis la rencontre avec Asséto, une rencontre fortuite une nuit de tempête où il n'y avait même pas un chat dehors. Des branches cassées et des troncs d'arbres jonchaient le goudron comme il est de coutume avec les premières tornades de la saison des pluies. Il la vit comme sortie d'un rêve, éblouissante sous la lumière de l'éclair qui zébra le ciel au feu rouge. Elle poussait sa moto avec peine et semblait perdue dans ses pensées. Salam klaxonna bruyamment, très surprise, elle tomba heureusement sans grande gravité sur sa moto et se releva. D'un œil morne et accusateur, elle regarda l'homme qui se penchait pour lui parler.

« Ça va ? Tu n'es pas blessée ? »

Elle ne répondit pas. Et elle marmonna :

« Quand quelqu'un perd le décompte de l'année, point n'est besoin de lui demander de se rappeler le jour du mois on est pour se situer. »

« Hé, la philosophe ! Réponds-moi au moins, tu n'es pas blessée ? »

Elle daigna répondre alors :

« Non Monsieur, je n'ai rien ! Je suis un peu plus mouillée c'est tout. »

Il prit l'engin de ses mains tremblotantes et s'achemina vers le parking le plus proche, paya, empocha prestement le billet et revint vers Asséto médusée.

« Je te dépose chez toi, demain mon garçon de course va te ramener ta moto. »

Ouvrant la portière du passager, il la poussa presque dans son véhicule. Elle ne laissa échapper le moindre mot. Il la déposa devant le célibatorium qu'elle louait et lui dit au revoir.

Connaître l'ampleur de son mal, Salam l'avait jaugé, médité à maintes reprises. Voilà cinq mois qu'il fréquentait Asséto. Avec le prétexte de venir prendre de ses nouvelles et après ce fut pour l'ecchymose qu'elle ne découvrit qu'au petit matin quand elle prenait sa douche. Le tuyau d'échappement l'avait blessée sur le mollet mais son désarroi avait arrêté la douleur à mi-chemin, quelque part dans ses méninges tourmentées. Quand l'eau de la douche atteint ce mollet brûlé, elle laissa échapper un cri. C'est en cet instant que le cerveau lui envoya le message fatidique de l'accident et le tuyau d'échappement tout chaud de l'engin qui venait de s'éteindre sans motif apparent.

Salam alla promptement à la pharmacie pour lui ramener le nécessaire pour le pansement. Il essayait d'établir un rapport entre la morale et le système de valeurs fondamentales de la famille auquel il adhérait. Il se donnait toujours bonne conscience en rappelant même à Waga Dem Sétam qu'il n'avait rien à se reprocher. Il avait le devoir de revenir voir la femme qu'il avait effrayée par son coup de klaxon et qui était tombée.

Mais voilà que c'est lui qui tombait progressivement et inexorablement amoureux de cette femme qui ne se plaignait jamais et qui ne manquait pas d'enthousiasme au lit pour le remercier des multiples cadeaux qui suivirent ses multiples visites dès la deuxième semaine de leur rencontre.

Les relations charnelles dépendent en partie du stimulus initial mais surtout de l'état d'esprit des deux partenaires. Asséto était libre comme le vent et Salam trouvait en cette nouvelle relation une volonté renouvelée de revivre. Ce pas de côté du lit conjugal usuel fut une expérience immersive unique, lascive ; un éclatement gigantesque que l'on édulcore en essayant de l'expliquer. Le dialogue est une voie unique de fleurissement de la pensée et d'expression de la pensée mais entre les deux nouveaux amants, point n'est besoin de parole, les actes étaient suffisants dans leur éloquence et les comblaient tous les deux unanimement. Ce fut une exploration mutuelle de la sensualité du couple qui demeure muette sur la félicité de l'être et la plénitude de l'acte.

Quand vint la douloureuse préséance de cérémonies religieuses chez son oncle, Salam parla d'un ton si menu, comme à l'enfance quand il commettait une faute et voulait se faire pardonner, que son oncle en fut ému. Il parla longuement, dans un détail saisissant de la dette symbolique dont il était redevable envers cette femme tendre, douce et magnanime.

En ce moment, l'oncle devint furieux :

« Magnanime ! Est-elle devenue ton Dieu ? Tu l'as 'tamponnée', elle est tombée et tu l'as ramenée et soignée ; de quelle dette alors restes-tu redevable, mon fils ! Ce qui plaît au poussin, il crie ouin ouin, mon gosier ! Ça c'est pour faire diversion.

En fait, tu as mauvaise conscience c'est tout. Mais sache que je ne fais rien sans consulter les ancêtres. Depuis que tu m'as parlée de présentation de la fille que tu aimerais épouser en deuxième noce, j'ai envoyé mon petit frère au village, je suis allée aussi chez mon marabout. Les présages concordent mais ils ne te sont pas favorables. Ils parlent tous de vie éphémère et de malheur. Celui qui veut manger son animal totem parce que tenaillé par la gourmandise ment qu'il lui est permis parce que trop juteux.»

Comme un adolescent auquel on voulait retirer un jouet nouveau et attachant, Salam se leva et figurativement pour affronter son oncle dont la ferveur narrative était vite tombée. Il prit sa chaise et s'assit en face de celui qui lui servait de figure parentale depuis la mort de son père. De la sueur perlait déjà sur son front :

« Petit père, il n'y a pas de sort qui ne soit pas malléable. Dites les sacrifices à faire pour snober le malheur et je les offrirai. »

Le culte des morts qui établissait une connexion entre les deux mondes avait prédit que pour qu'il ne baigne pas dans un enfer non mérité, eux ils le rappelleront promptement dans le pays des os blancs sinon la jalousie de la femme qu'il veut épouser va les perdre tous. L'amoureux inconditionnel décortiquait le discours moralisateur de l'oncle comme une angoisse de mort obsessionnel depuis qu'il avait enterré son frère, très jeune ; lui laissant Salam à élever.

A conscience tragique, nouvel héroïsme de l'être que l'on veut précipiter vers l'épilogue d'une histoire sucrée d'amour. Comme propulsé par le second souffle d'une insurrection, il dit à tout va :

« Mais si elle est jalouse c'est qu'elle m'aime, elle m'aime tendrement, avec tellement de douceur que mon esprit vacille rien que de la voir, mon oncle. »

2.1.1. Jalousie ! : Poème

Jalousie ! Jalousie ! Maladie de la convoitise

Tisser la possessivité extrême qui attise

Le feu de la déviance du droit chemin

On veut tout l'être à soi comme gamin

Ou même animal de compagnie sans âme

C'est ce qui amène à la queue leu leu drame

Voilà le jaloux ratisse les voies du démon

Par monts et vaux, ensevelir l'autre en amont

Et l'avoir en aval comme petit valet à vie

Que faire pour toujours réactiver l'envie ?

Le fétiche donne du tonus pour l'élan

C'est de l'espoir instigué pour aller devant

Faire ses ablutions pour une prière active habitude

De bonheur pour deux, tous mais contre servitude

Quand la jalousie est égoïste elle est malfaisante

Induit la malhonnêteté, tout pour l'excuse démente

Pour chercher à occire l'hypothétique rival(e)

Pourtant n'étant pas dans les méandres du cœur de l'autre

On ne sait pas ce qui s'y passe et on peut tuer en pleutre

Pour se voir haïr du cœur à vie

Qui veut de criminel(le) à l'envi ?

Son oncle le tança vertement et fustigea le vertige de l'abondance qui le malmenait depuis qu'il 'roulait sur l'or'. L'oncle poursuivit en lui disant que ce n'est que quand il n'y a plus de foyer que l'on recrée un foyer. Cependant, pour lui Salam, sa première femme était restée fidèle, serviable, conciliante et soumise. Que peut-on désirer de plus ? En plus, elle avait des enfants, garçons et filles.

L'oncle lui demanda si sa première épouse était au moins d'accord. Il haussa juste les épaules et dit que c'était lui qui choisissait, décidait ; sa femme devait s'accommoder de la situation. Son choix était fait, le vin était ainsi tiré. Pour Salam c'était de le boire jusqu'à l'ivresse et quand la nouvelle femme ne le saoulera plus ; il pourra s'en séparer. En revanche, pour Aïwa, le boire jusqu'à la lie était ce à quoi son mari, sa famille et toute la société s'attendait. C'était la symphonie rustique traditionnelle et on voudrait que toutes les femmes s'y conforment.

Expérimenter, c'est entrer en action, observer afin de tirer des conclusions, leçons subtiles et utiles de la vie. Pour Salam l'expérience avait des consonances de perdition. Il disait plutôt que même s'il devait contredire ses ancêtres, il transgresserait ainsi pour être utile à son village et à ses parents car il chantait la douceur et la générosité de sa nouvelle femme comme il se référait déjà allègrement à Asséto.

L'amour dépasse souvent les limites de l'intelligible et là, on manquait de mots pour expliquer quels types d'émotions dansaient le jerk dans son cœur. Au lieu d'une association coordonnée des sentiments, c'était plutôt une place de choix au désir, un désir brûlant, poignant. C'est autour de ce désir que tous les autres sentiments se déversaient en vrac ; qui, pour soutenir l'émoi initial ou redoubler l'esprit de l'éclat spontané d'un amour simplement sans issue parce que complet mais incompréhensible pour soi-même. L'allure folle de son cœur lui indiquait qu'il pouvait perdre la femme tendrement aimée par une injonction sociale arbitraire et cela l'effarouchait plus que tout. Sans complexe et sans retenue, le mâle recherchait ardemment son plaisir et dans ce parcours frénétique, il en oubliait tout son passé; sa femme, ses enfants, les moments de complicité d'antan.

Ce qu'il n'osait affirmer, c'était un attachement ciment à une femme qui le bouleversait sur le plan intime. Ce fut la raison principale de la mutation à l'œuvre en lui ; lui d'habitude si obéissant. Il voulait tout le cœur, toute l'âme de sa dulcinée chez lui, à lui tout seul. Ce qui signifiait approfondir et resserrer les liens avec Asséto ; la marier. Sinon pour le reste comme la cuisine, elle cuisinait comme un pied ; comme si elle le faisait avec ses péchés. Il ne mangeait jamais chez elle. C'était lui plutôt qui apportait de la friandise, de la pâtisserie, de la grillade. Il ne critiquait point ses défauts, ses qualités exaltantes au lit lui valaient toutes les apologies. C'était son rêve inclus dans une sensualité unique, une volupté étourdissante. D'ailleurs Salam n'avait pas exploré et expérimenté grand-chose. Asséto devenait ainsi symbole et image emblématique d'un désir cherché, accepté et assumé depuis que Salam était maître de sa destinée avec des moyens conséquents pour satisfaire ses caprices.

La culture est dépositaire de l'attitude et la retenue qu'exigeaient les convenances lui intimait le silence. Son exploitation psychique demeurait instinctuelle quant à la diatribe liée à cette femme qu'il voulait épouser. Elle restait centrée et adaptée à ses problèmes vitaux. Ce qui excluait la démarche culturelle, son verdict et ses implications pour la prise de décision.

Le contrôle familial sur la socialité et surtout sur le choix des liens matrimoniaux fut caduc. Il rendit superflu et illusoire la caution de sa tribu en se mariant à la mosquée le jeudi qui suivit l'entretien familial avec la réprobation de son oncle.

Einstein disait que l'intelligence n'est pas la capacité de stocker de la connaissance mais de savoir où la retrouver et Salam avait son intelligence dans le pagne de Asséto. Pour lui, l'important c'était de savoir où retrouver le bout de ce pagne en tout temps.

Pour la première femme, l'étincelle de la révolte s'éteignait par le rappel à l'ordre de ses enfants qui parlaient de toquade, d'ensorcellement et qui allait se dissiper tout d'un coup ou progressivement. Au bord du précipice, la première femme formulait des reproches en secret ou devant ses enfants, se promettant de se bagarrer avec l'époux infidèle et de plus malhonnête selon les préceptes de l'islam. Autant la femme se retenait de verser dans le conflit ouvert, autant Salam était un grand lâche, fuyant sa femme et ses enfants.

Le manque d'enfant chez sa nouvelle femme ne le préoccupait pas. Il avait connu des jours et des mois creux avec Aïwa quand celle-ci était enceinte ou venait d'accoucher. Maintenant, il n'était astreint à rien ni contraint à l'ascèse par un nourrisson entre lui et sa nouvelle femme. Son cœur, c'était deux dimensions transformées, l'une ne gênant en rien l'autre. Son vœu le plus cher était de pérenniser cette situation qui ne profitait qu'à lui seul. Il croyait Asséto absolument satisfaite. Quant aux humeurs et émotions de sa première femme, il s'en foutait comme du trou de sa chaussette. La fabuleuse ouverture hypnotique du délice inondant son nouvel univers amoureux, c'est ce qui comptait le plus.

Cette vie vécue de façon paradisiaque comportait un peu d'une frayeur de conte de feu symbolisée par l'éphémère. Par analogie avec l'insecte du même nom ; il y a de fortes chances que cette vie romantique inespérée renvoie à la précarité. Aussi, Salam savourait son nouveau mariage comme une félicité, un trésor dont il fallait profiter rapidement avant que le miracle ne s'évanouisse comme il est apparu. Il fondait l'intelligibilité de sa conduite sur un Dieu à contingence. Il était simplement heureux comme un idiot ayant ramassé des œufs de perdrix sur sa route.

Pourtant, sa première femme vivait cette nouvelle vie familiale avec acuité, une conscience exacerbée du danger qui la guettait elle et ses enfants. Il y eut désormais alors deux familles ou doit-on dire deux ménages cohabitant. Cette vie côte-à-côte ne profitait cependant qu'à Salam en ce qu'il n'était pas prêt à se séparer de sa première épouse et surtout de ses enfants. Il ménagerait bien la chèvre et le chou. Il était un mais deux personnalités dissemblables ces derniers temps. Pour la nouvelle épouse, il était un dur au cœur tendre mais pour la mère et ses enfants, il était subitement devenu acariâtre, dur au cœur dur ; sans aménité pour ses rejetons et encore moins pour Aïwa. C'était lui maintenant le 'mineur à crises majeures' tant il donnait des coups de pieds dans les calebasses et les paniers à la moindre contrariété de leur part.

D'ailleurs un muret élevé entre les deux concessions signifiait à ses enfants que lorsqu'il était avec Asséto, ils ne devaient sous aucun prétexte franchir le portillon de sa dulcinée. D'ailleurs, sur les mises en garde des plus grands, Asséto était devenue le croquemitaine des deux petits enfants. Prémonition ou quoi, mais elle semblait être leur cauchemar à présent. Lorsque le benjamin la rencontrait dans une impasse, il criait de façon hystérique malgré les bras qu'elle lui tendait en souriant.

'Tu ne sais pas à quel point tu es fort jusqu'au jour où tu réalises qu'être fort reste la seule option'. C'est cet adage de Bob Marley qui guidait la femme et les enfants de Salam. Ils serraient tous les jours leur colère dans leur ventre jusqu'à l'étouffer. Ils resserraient aussi fort leur aisselle pour qu'aucune odeur de leur déconvenue avec le père de famille ne transparaisse. L'argent coulait à gogo mais jamais plus en leur direction ; sauf le strict minimum. Alors, il fallait se serrer la ceinture, réduire les dépenses, supprimer celles superflues comme aller se coiffer dans un salon, commander un repas pour la famille dans un bon restaurant, aller chez le couturier pour toute occasion. En ce sens, c'est l'envie qui crée l'occasion chez la femme voulant toujours être à la mode et l'envie n'avait pas de limites avec les vendeuses de pagne wax proposant toujours de nouveaux motifs, les bazins unicolores et passés à la teinture offraient tantôt du fuchsia et le mois d'après c'était la dominante rose bonbon avec des dessins 'sarcelle' qui était à la mode. Chaque femme veut le plus de pagnes possible, une garde-robe fournie qui s'insérait dans le symbolisme de la fortune. D'ailleurs, le pagne, le vêtement s'appelle mot à mot 'fèrèbo' c'est-à-dire 'sortir la misère'. On en coud autant et aussi souvent que possible et cela entre dans la civilité car on en offre aux nécessiteux pour 'couvrir leur honte'. La garde-robe tout comme le garde-manger entrent dans une heuristique de la sociabilité où la générosité et la compassion lénifient les rapports familiaux et sociétaux. Ils sont tous les deux générateurs d'obligeance, de resserrement de liens et renforcent l'identité sociale. Qu'une personne nécessiteuse viennent vous rendre visite et que vous n'ayez pas trois pagnes neufs ou deux ensembles cousus à lui offrir en y ajoutant un billet de banque au besoin; cela peut être interprété comme de la méchanceté quand vous êtes assez nantis. C'est souvent une chaîne de solidarité informelle qui ne dit pas son nom. Celle qui a reçu des biens d'une plus riche qu'elle va se dépouiller de ses vêtements les moins valorisés pour les envoyer à une parente ou une amie plus nécessiteuse qu'elle.

Ne plus pouvoir offrir quoi que ce soit, c'était le comble. Toutes ces frustrations de nouvelle pauvre laissaient Aïwa suffocante tant elle avait mal. Elle ne pouvait se permettre aucune largesse envers plus pauvre qu'elle et cela l'horripilait plus que tout. Les rêves n'ont pas de langue mais ses rêves à elle étaient très colorés ; teintés d'une colère tantôt noire, tantôt rouge.

'Quand la rivière change son cours, le caïman en fait de même.' L'adaptation semblait sans effort et pourtant !

Il y a fort à parier que certains des enfants pleuraient mais jamais en présence de la mère qu'ils savaient déjà affligée. La mère de son côté veillait à présenter une mine faussement épanouie quand ses enfants la surprenaient dans un état de torpeur maladive. Le passé n'est jamais mort. Il avait des relents de nostalgie d'un bonheur qui avait fui depuis.

Le silence dans la fratrie était un fait révélateur de dysfonctions et aucun de leur malheur n'éclata au grand jour par leur retenue et un sens de la dignité qui induisait de placer dans la chambre intérieure la flambée de mélancolie ayant malencontreusement changé en enfer la routine de satisfaction dans laquelle ils baignaient tous quand Salam était un vrai père et un vrai époux.

Pour affronter le désamour, rien de plus difficile ! Il faut tout le temps éviter le conflit. Les femmes vivent mieux la rivalité que les hommes. Ils sont tout le contraire de la gente féminine car la déchéance visible de l'amour avec la présence du rival les tue littéralement. Ils tiennent moins bien le coup que les femmes. La patience a des vertus qui démultiplient un système de valeurs connexes rendant la vie plus supportable dans un communautarisme presque contre nature ; dur à vivre pour les femmes et les enfants.

Souvent, toutes les bagarres tournent autour du sexe, mais d'érotisme, personne n'en parle.

Celui qui est dans l'œil du cyclone avec le cœur rénové par le nouvel amour brille en général de mille feux. Tout nouveau, tout beau ; l'amour à ses débuts est régénérateur pour celui qui s'acoquine un nouveau cœur, l'ultime pouvoir du neuf qui fait monter l'adrénaline et le sang dans les veines. L'homme comme la femme œuvre afin de ne pas connaître le vieillissement de l'amour ; c'est-à-dire quand on tombe de haut du cœur de celui qu'on aime comme une feuille morte qui se dessèche ; détachée, elle tombe.

L'amour pluriel ou le poly-amour n'avait cependant droit de cité dans cette relation bancale à trois inaugurée dès le jour de la pluie diluvienne pécheresse jetant Asséto dans les bras de Salam. Cette deuxième femme avait une telle intelligence érotique qui l'éveillait aux moments et aux parties sensibles de son compagnon que la femme, la première épouse était devenue insipide pour l'époux. Subtilement, après les instants mémorables où la satiété déliait la langue de Salam et qu'après les cadeaux pleuvaient, Asséto réactualisait les caresses et les positions les plus suaves pour le délice de son mari.

2.2. Le sortilège : Poème

Tout sortilège est un clin d'œil à la potentialité de l'humain

A surmonter le mal ou à en créer quand devin y met la main

La force des idées soutenue par celle du maléfice

Peut faire tache dans l'univers infini et créer supplice

La compétence fracasse la montagne et en fait un tas de cailloux

Les résonances cachées du mal pénètre les crânes voyous

Etre vorace à la recherche du prestige pourquoi le sacrifice

Celui d'autrui qui thématise les rapports rapaces à artifice

Délire d'egos tout vouloir par des moyens machiavéliques

Tributaires de préjugés, de douleurs vives, psychédéliques

Expose et polarise l'angoisse de la perte de la morale

Par le colifichet qui distille son venin de façon virale

Le soupçon du mal se transforme en frissons

Voir l'affliction de l'innocent et les ultrasons

Ribambelle de la palpitante cupidité de l'être

Qui voudrait tout avoir avant de pouvoir être

Ensorceler le sorcier, c'est ce talisman que veut l'humaniste

Influer par le sortilège sur les paramètres c'est cela l'utopiste

Détruire les superstitions néfastes qui grugent la sérénité

Qui ballote les êtres et les exile longtemps de leur humanité

L'anthropologie réflexive paie allégeance à l'axiologie

Qui doit escorter tout usage de savoir vrai ou gabegie

Sinon le pacte avec les puissances occultes séduit

Il pourvoit une arme au malheur qui de près s'en suit

Mandé au cœur de la tourmente comme virtuose

Qui finalement collante à celle qui veut l'osmose

Le diable se substitue à l'être convoité et flamboyant

Etablit une terrible relation avec Lucifer aboyant

Le surnaturel d'abord rêve et volonté de puissance

Devient cauchemardesque et dépasse toute décence

2.3. Sortilège : Ensorceler le mari

Pour tous, le sort avait privilégié Asséto en la faisant aimer tendrement par un homme marié au détriment de sa femme et de ses enfants. Elle semblait fouler du pied cette faveur ou méconnaissait le bonheur qui l'entourait et était envié de tous. Insatiable, Asséto voulait tout, tout l'homme, toute sa fortune, tous les tours de cuisine et de lit. Son désir de puissance s'ancrait profondément dans une recherche effrénée d'un paradis qu'elle vivait déjà mais qu'elle ignorait profusément pour se fourvoyer sur des chemins de sortilèges hypothétiques qui lui rendraient son mari en éloignant la première femme et ses enfants.

L'être humain est un redoutable prédateur. Parmi ses proies figurent ses semblables et la rivalité décuplait cette prédation. Vivre ensemble est un projet familial et de société avec des règles auxquelles on ne doit point déroger. Dans ce mouvement associatif à petite et large échelle, la morale doit prendre les pas sur les émotions délétères menant vers tous les crimes.

Les diseurs de bonne aventure faisaient scintiller l'invraisemblable, donnant l'assurance à Asséto qu'elle serait bientôt l'unique reine de l'empire de Salam. De plus, on lui prédisait une pléthore d'enfants et une fortune intarissable. Elle se disait alors que tout était dans ses cordes, tout était possible ; alors pourquoi se limiter au peu que le sort lui offrait quand elle pouvait tout convoiter, tout posséder par la force d'un sortilège. La rencontre avec Salam fut le fruit du sort, une pure coïncidence. Le fortuit capricieux devrait se muer en avenir plus que radieux taillé de ses propres mains, œuvre de 'sa volonté de puissance' avec l'aide de marabouts.

La lune de miel du nouveau couple était comme un long fleuve tranquille pour Salam qui ne se plaignait guère. En revanche, la première épouse adhérait à l'assomption selon laquelle la façon la plus rapide et sûre de mettre fin à une guerre était de la perdre. Alors que la nouvelle femme était prête à livrer bataille, Aïwa voyait cela comme une perte de temps. C'était la femme sans haine de Ismaël Lô : 'Ce que tu n'as pas pu garder par les armes, ne crois pas le garder par les larmes'. Son cœur avait déjà fait son choix. Elle ne se battrait pas pour l'amour de Salam.

D'ailleurs, elle s'était déjà rangée du côté des perdantes et ne demandait ni compte à son mari et ne regardait même pas du côté de la demie-cour de sa coépouse. Le cœur mâle qui était greffé au sien, elle avait réussi à effectuer le rejet et vivait à présent plus sainement, n'ayant plus mal quand elle voyait Asséto et Salam, main dans la main allant à leur ballade citadine.

La question de l'amour en sursis ou même agonisant du fait d'une nouvelle femme est un tourment d'enfer. On se remet en question. Celles qui le peuvent essaient leur charme sur d'autres mâles afin de diagnostiquer l'origine du mal. Cette défaveur se vit comme un devoir de soustraction où si l'on n'y prend garde, on perd le reste de respect et d'estime que l'on a de soi.

'Suis-je moins belle que sa nouvelle conquête ?'

'Suis-je moins coquette peut-être voilà pourquoi il déserte mon lit.'

D'un moins à une pléthore de moins, on frise le néant au lieu de s'affirmer et d'en mettre plein la vue à la nouvelle et à l'ingrat époux.

D'ailleurs, ses deux derniers rejetons ressemblaient fort à des enfants miracles. Selon une des cousines du mari pendant le baptême du dernier, c'était lors des épisodes de 'lune pourrie' que Salam rejoignait en catimini Aïwa. En ces jours, il perdait un peu la tête et le chemin usuel de sa libido. Elle avait ainsi conçu ses deux derniers enfants.

En l'occurrence, Salam rentrait en coup de vent dans la chambre de la mère des enfants comme un maraudeur et en ressortait furtivement quelques minutes plus tard et courait se réfugier chez Asséto, tout honteux comme quelqu'un qui sciemment et par gourmandise avait mangé son animal totem.

Pour se justifier auprès de Asséto, l'argument d'appoint était inexistant puisqu'il avait lui-même juré lors d'une de leur séance torride et sensuelle qu'il ne connaissait plus la première comme femme. Quand la grossesse de sa coépouse était bien visible de tous, Asséto se mit à le bouder. L'époux indigne de la confiance de ses deux femmes s'accrochait de temps à autre, mollement, à un mensonge honteux selon lequel l'enfant qu'elle portait n'était pas le sien.

La vérité ne vieillit pas, alors Aïwa la première femme n'argumentait jamais avec qui que ce soit. Quand elle était excédée, elle laissait échapper un 'tchourr' sonore de dérision. 'Ce qui plaît au poussin, il divertit le monde en couinant ouin ouin, mon gosier !' Ensuite, elle ajoutait sentencieusement qu'elle n'avait qu'une seule parole et c'était celle de l'honnêteté et de la vérité. D'ailleurs terminait-elle, un mari en Moore s'appelle 'ma vérité' 'm'sida'. Elle était Mossi et de vérité, elle n'en avait pas d'autre. Pour les Jula, le mari c'est 'tjiè' comme ramasser, les femmes en colère rattrapant l'époux et le sauvant de circonstances scabreuses disaient que le nom colle à l'individu et le détermine voilà pourquoi un mari, 'on n'a jamais fini de le ramasser'. Les deux langues Moore et Jula se rejoignaient sur un mensonge débité pendant trop longtemps, elles déclaraient le mari 'Zaksoba' et 'Sotigui', le maître de la maison alors que s'il était chatouillé quelque part par une autre femme, il désertait sans remords femme et enfants. On peut aisément déclarer que la polygamie, c'était un régime totalitaire avec des accointances avec un despotisme nébuleux ; même pas éclairé un tout petit peu. Les femmes, il y'en avait toujours une sur le banc de touche pour regarder jouer l'homme avec son gadget favori du moment. En fait l'époux n'était qu'un gros bébé pourri. Il créait de toute pièce des femmes au rabais, faisant monter la cote d'une façon fulgurante d'autres compagnes leurrées par la mignardise d'un roublard invétéré. L'estime du mari se muait en évaluation de la valeur sociale et même morale de l'élue du moment.

D'aucuns pensent que pour créer un ménage pluriel, il faudrait désormais instituer des cours comme 'la catéchèse de la polygamie' qui renforcerait le civisme et la compassion au sein de la petite colonie. En effet, la morale va à vau l'eau et les préceptes sous-tendant ce régime matrimonial traditionnel ne sont plus d'actualité. Néanmoins, les hommes sous tous les horizons veulent recréer la polygamie du vingt-unième siècle sur les cendres de l'ancienne alors que le monde numérique est celui du village planétaire avec la propagation exponentielle de certaines idéologies de manière fulgurante. Le féministe a fait du chemin, mais les femmes à l'honneur momentanément dans le cœur de l'homme sont pires que la peste. Elles se révèlent malheureusement comme les vraies fossoyeuses de cette lutte de longue haleine qu'est le mouvement d'émancipation de la femme.

Le jour du baptême, Asséto avait fait amende honorable. Elle s'était mise de la partie avec ses amies comme l'experte de la cuisine Oumou qui était incomparable pour jouer les cordons bleus de fête. Elle maîtrisait l'art d'accommoder les plats des grands jours. Mais comme elle aimait à le marteler, il n'y a réjouissance que quand l'argent de condiments est suffisant et quand on a tous les ingrédients, on ne peut rater un mets. Elle ajoutait en riant aux éclats :

« Plein de viande, plein de cubes pour l'assaisonnement et c'est le délice pour la bouche. »

Les mères devenaient des excimères pour des tours de danse exaltante, électrique. Il paraît que l'on avait mis un peu de bleu-bleu, de l'amphétamine en comprimés dilués dans le jus de gingembre et de citron tant prisé par les femmes. Une femme se plaignait amèrement après le baptême que sa grand-mère avait tant dansé qu'une fois à la maison elle était tombée comme morte. L'amphétamine aidait à redoubler l'ambiance du djembé et du balan. Tout rythme endiablé voyait des femmes d'habitude tant inhibées déployer leur boubou en danse de l'aigle, chantant en harmonie avec le groupe invité.

La mère du bébé fit mettre son morceau fétiche, quand l'orchestre fit une pause pour permettre aux convives de manger. C'était une chanson malinké de Djénéba Seck intitulée 'A bi ban !' 'Ça va finir !' C'était un clin d'œil, une boutade quand même provocatrice à la nouvelle épouse. Et au refrain, elle élevait le ton :

'A bi ban, a bi ban; a min wo min, a bi ban!'

Ce qui signifiait : 'Rien n'est éternel, quelle que soit la durée, ça finira par finir!'

Subrepticement, la première femme savourait son heure de gloire, une victoire bien naturelle qui lui avait rendue visite comme un brigand, un voleur de nuit, 'un maraudeur qui cherchait fortune'. Métaphore heureuse car voilà Salam avec deux autres enfants dans un déni de relation conjugale et de proximité familiale. Ces deux naissances miraculeuses, c'était une chronique autour de la polygamie, de ses mystifications racornies, ses canulars à deux sous, ses tours ironiques et scabreux. La force naît par violence et meurt par liberté selon Da Vinci. Dans la même ligne de mire, Aïwa n'avait pas eu à user de violence d'aucune manière, la violence était morte par son émancipation presqu'inconsciente, effet résiduel de sa défaveur auprès de l'homme. Elle avait acquis une certaine liberté et elle s'en délectait. Elle avait juste libéré son esprit, le détachant de celui de Salam sans plus. C'est dans cette aise relationnelle qu'elle avait conçue alors qu'elle n'attendait rien de cet époux indigne, ni bien, ni mal. 'Par-delà le bien et le mal' elle avait vaincu l'attachement sans combat honteux. Seule sa force symbolique de mère et d'épouse de marbre, présente comme la montagne avait vaincu. Elle riait à tout va. Spinoza avait ce présage du bonheur plus que véridique qui prescrivait que si vous voulez que la vie vous sourisse, apportez-lui votre bonne humeur ! Aïwa apportait son soleil de visage partout où elle allait, tournant toute dérision en son encontre à sa faveur par ses éclats de rire.

Comme le dit le proverbe : 'Vadrouiller est le propre du gorille ; quant à la montagne, elle est immuable, éternelle !' Par sa maternité, sa disgrâce s'était métamorphosée en grâce. Sa patience et sa persévérance à rester auprès de ses enfants étaient son talisman. Elle n'attendait à présent rien de ce mariage de jeunesse sinon le pire. On dit que si tu épouses un homme pauvre, quand il acquiert de la richesse, il te trouve indigne de lui et va chercher ailleurs dans un sursaut narcissique une autre femme qui n'a pas connu sa traversée du désert ; son visage de galère et de culotte trouée. Dans les mots d'une femme désabusée :

« Quand pendant des années tu l'aides à monter haut dans l'échelle sociale et que tu le laves et il devient très propre, il te laisse tomber pour une autre qui ne connaît de lui que ses années de gloire. »

'Le serpent change de peau régulièrement' l'avait narguée Salam et le 'tchourr' de mépris suivie d'une morgue que trahissait le regard de sa femme l'avaient dissuadé de se moquer d'elle ne serait-ce une moitié de fois après l'incident. Elle parlait peu, mais sa mimique et ses onomatopées pouvaient t'envoyer te pendre.

L'accroissement de son pouvoir sur sa situation de femme délaissée avait rehaussé l'éclat de son teint par une sérénité nouvelle récemment acquise. Elle ne s'inquiétait ni de la qualité des repas dont le mari n'était jamais satisfait. A présent qu'il y avait pire cuisinière qu'elle, il ne faisait plus de remarques désobligeantes.

Elle ne guettait plus le moindre signe d'approbation pour sa toilette, la propreté de la maison. Elle était libre comme le vent !

Pour contenter sa dulcinée, Salam lui disait souvent quand Aïwa était enceinte que 'c'était deux fois seulement' oubliant qu'il s'était dédit la semaine passée et passait à 'trois fois malencontreusement' parce qu'il l'avait trouvée en tenue simple. Ce que Salam ne lui disait pas, c'est qu'il avait peur qu'elle ne le trompe, cette Aïwa, d'humeur égale et qui ne se plaignait jamais. 'Méfies-toi de l'eau qui dort' dit l'adage. Son sentiment comme celui de mille hommes c'était de tenir en laisse la femme délaissée. Elle devient ainsi donc 'le repas du chien méchant, lui il n'en mange pas, mais il défend à quiconque d'y toucher'.

Amour ou désamour, le résultat était sur ses jambes, un bébé qui l'occuperait émotionnellement et physiquement pendant de longs mois. Ce baptême, c'était la félicité d'Aïwa. Il n'y avait pas d'autre signification à la vie que ce que l'être lui accorde. L'essence de l'être est pourvue intrinsèquement, nourrie et bichonnée par ses valeurs. Par sa conscience on crée sa propre valeur que personne ne peut déboulonner. La maxime qui enrobait la vie d'Aïwa à présent était la suivante : 'Si tu m'aimes, je t'aime ; si tu ne m'aimes pas je me préfère !' A l'étincelle de la révolte, elle avait substitué celle de la responsabilité agissante ; une bonne mère pour elle-même et pour ses enfants. Pour le reste, que vogue la galère !

La cour ressemblait à une ruche, avec des enfants un peu partout ; courant, sautant. Il n'y a personne pour manifester la joie comme les gamins quand l'on sort les grosses marmites. D'ailleurs, maintenant avec les différents assaisonnements déjà apprêtés et disponibles sur le marché, la cuisine sent aussi bon que celui d'un vrai festin et c'en était un. L'atmosphère parfumée au fumet de poisson et de viande assaisonné à l'ail, au basilic et au persil ainsi que de laurier relevait les senteurs capiteuses. Rien ne restait par la suite dans les plats et les marmites. Le seul incident fut un malencontreux accident qui éveille tout un chacun au caractère délétère de toute guerre car on n'en ressort jamais indemne. Alors que le calme revenait peu à peu avec le départ des différents convives, la police poursuivant un chauffard était entrée à sa poursuite dans les ruelles du quartier. Le motard siffla fort afin que l'homme s'arrête. Ce qui se termina par des crissements de pneus et d'autres sifflets sonores et des voix de stentor avec des sommations. Sans que l'on ne sache pourquoi ni comment deux coups de feu se firent entendre. Une femme nouvellement revenue d'une zone de guerre perdit immédiatement son sang-froid et se mit à trembler de tout son corps. Avant que l'on ne se rende compte de ce qui se passait en elle, elle plongea dans l'une des grosses marmites. Etait-ce pour se cacher ? Avait-elle trébuché ? Les enfants et les jeunes se mirent à rire et à railler la femme qui toute confuse ressortit avec toute l'huile rouge tomate et des restes de riz partout sur son boubou blanc. Mais les personnes plus âgées et les jeunes qui avaient fait l'expérience de la guerre s'attroupèrent autour de la femme, pleins de compassion. Elle tremblotait toujours quand on l'emmena dans une des chambres pour lui trouver des vêtements à porter.

On dit que la douleur fait bouger les lignes et rapproche souvent dangereusement du précipice. Mais l'intelligence active de certaines femmes s'articule sur l'ailleurs émotionnel quand cette douleur devient poignante, la sublimant en améliorant les schèmes de vie ouverts pour l'investissement fructueux du cœur déserté. L'existence ne se résume pas à un seul être, cela Aïwa l'avait vite compris. Elle choisit de fonder l'intelligibilité de son existence dans ce qui importait désormais pour elle ; ses enfants. Elle remplaça ainsi radicalement le père défaillant, qui n'avait plus ni temps ni argent pour les siens. Elle 'vivait à présent l'éducation' de ses enfants, s'y impliquait avec passion, relevant son niveau de troisième écourté par sa grossesse non souhaitée et un Salam qui ne voyait pas plus loin que le bout de son nez.

Le champ social est celui de l'action et l'être humain couve toujours l'ambition pour un meilleur choix. Qu'est-ce qui est superficiel et qu'est-ce qui est essentiel ? Pour Aïwa, ce fut le choix d'Aliocha ; se vaincre soi-même, se dominer afin d'atteindre la liberté parfaite par une métaphysique du cœur dont la persévérance a le secret. L'amour est sujet à une réécriture permanente. On sort d'une relation et mille autres sont potentiellement présentes.

Asséto poursuivit son monologue et personne n'osait l'interrompre. Son audience buvait pratiquement ses paroles. Tout le monde, ce petit monde qui avait élu domicile sous le hangar du marabout Walaï était accroché à ses lèvres. C'est ainsi qu'elle poursuivit sa narrative. Elle raconta alors sa douce plongée dans un univers où progressivement elle avait perdu le sens des choses et le respect d'elle-même en laissant s'exprimer sa haine, son intolérance et sa cruauté envers sa coépouse et ses enfants.

De son long récit, il apparut que cependant, au bout de cinq ans autant elle montait en grade dans l'estime et dans l'amour de son mari, autant son insatisfaction se muait en cynisme et insensibilité envers celle qui l'avait précédée dans le foyer. Elle poursuivit :

« Mon irascibilité venait de mon vain désir d'enfant malgré les visites gynécologiques, les potions de fertilité. Pendant ce temps, ma coépouse qui avait déjà trois enfants en enfanta deux autres. Je rencontrai un marabout que l'on disait puissant qui scella mon sort, mon bonheur et ma quiétude. Il demanda un bœuf, deux moutons et un poulet blanc. Je lui ai emmené tout ceci car je voulais que ma coépouse et ses enfants quittent la cour de mon mari. Il me dit comme tous ses collègues consultés que ma coépouse et ses enfants étaient protégés par une aura mystique dont personne ne peut arriver à bout sauf la mort. Sans hésitation, je répondis sous l'effet de la colère et du désespoir qu'il devait agir, quitte à ce qu'elle meure avec ses enfants. Le marabout eut même un sursaut d'horreur mais m'intima d'aller réfléchir et de revenir au bout de quatre jours et quatre nuits de réflexion. Ces quatre jours coïncidèrent avec mon tour de cuisine pendant lesquels, le mari était à moi. Il se montra si attentionné et me donna promptement les deux millions que le marabout demandait comme argent pour les emplettes sacrificielles du bœuf et moutons ainsi que 'son prix de travail' que cela raffermit ma résolution de repartir le voir afin de garder ce mari si attentionné à moi toute seule. Bien sûr, je dis à mon mari que c'était pour des consultations de fertilité auprès d'un nouveau gynécologue et aussi auprès d'un marabout-voyant aux capacités étonnantes.

Mon mari me félicita de ma sincérité car dit-il, ma coépouse était trop cachottière et ne s'ouvrirait jamais à lui de ses visites chez les marabouts alors que tout le monde sait qu'elle les fréquentait. Orwell ne disait-il pas que dire la vérité en une époque de supercherie universelle s'apparentait à un acte révolutionnaire ?

Quand je remis l'enveloppe de deux millions au marabout, il me dit franchement qu'il ne pensait pas me revoir car la somme demandée était pour me dissuader d'entreprendre une telle démarche macabre. Il prit l'enveloppe, consulta encore son sable et son chapelet. D'horreur, il frémit encore quand il retraça le sable et arrivait à la conclusion selon laquelle mes vœux seront exaucés même s'ils sont macabres. Mais, selon lui si je tenais toujours à ce qu'il fasse 'le travail' pour moi, je devrais repartir avec mon enveloppe et la ramener encore au bout de quatre autres jours et en y rajoutant cinq cent mille francs. »

La carte du génome humain est toujours énigmatique pour le commun des mortels ; pourtant, on n'a pas besoin de beaucoup de perspicacité pour déceler le règne du diable en certains individus ; comme s'il s'inscrivait dans leur capital génique. Le rêve d'une vie de couple durable était suffisant pour transformer une ménagère ordinaire en une femme au cœur noir et aux desseins funestes à l'encontre de sa coépouse et de ses enfants ; ce qui affectera infailliblement l'homme.

Elle avait le cœur dur comme pierre, mais les émotions fortes avaient fait maintenant leur nid et le roc du cœur était devenu poreux par endroit au point où la voilà lancée dans un verbatim faisant le point de l'incarnation de ses fantasmes dans des périples d'une extrême audace mais d'une extrême méchanceté.

La féminité est souvent ambiguë et elle peut quelquefois quitter les chemins de douceur des préjugés afin de se hisser sur les cimes du maléfice et même du crime ; outrepassant en cruauté le mâle.

Pour les épouses de Salam, il n'y avait pas de rivalité violente. On répond à une injure par une autre jusqu'à l'escalade de la violence allant jusqu'au pugilat. Mais que peut-on contre un glaçon qui semblait ignorer jusqu'à l'existence de la rivale. Il faut nommer pour pouvoir opérer mais Asséto n'était pas considérée comme adversaire ; elle n'était rien pour Aïwa et c'est ce qui pouvait tuer l'épouse numéro deux, la bien-aimée de Salam. Les enfants aussi suivaient la ligne de conduite de leur mère. La vie familiale et sociétale est faite de contraintes et de compromis. Ils avaient promis à leur mère que même si la nouvelle femme de leur père 'les piétinait, ils s'éloigneraient en demandant seulement pardon.' Et ce fut leur attitude non violente en toute circonstance.

Selon les fresques vivides d'Asséto, elle était sur le seuil de l'abdication quand un incident renforça sa résolution à repartir chez le marabout. En l'occurrence, la logique de l'empathie s'estompa avec une causerie qu'elle surprit entre les deux premiers garçons de sa coépouse. Le premier fils annonçait à son puiné qu'il était résolu à marier l'élue de son cœur et ce, le plus tôt possible. Le cadet courut annoncer la bonne nouvelle à leur mère qui sortit munie d'un pagne supplémentaire, se ceint la taille et commença une danse de grâce en remerciement à Dieu.

Ce qui eut pour effet d'exaspérer l'appâtée du marabout qui résolut d'aller retirer de l'argent de son compte afin de compléter l'argent demandé. Le bonheur prochain de son beau-fils et les pas de danse esquissés par la mère furent comme un poignard piquant son cœur.

Elle s'en fut vite voir celui qu'elle croyait pouvoir la sauver de ce qu'elle croyait être son malheur. Sa pulsion d'agressivité ne cherchait qu'à s'exprimer contre Aïwa et ses enfants. L'épervier à l'instar de l'aigle a l'ambition de soulever un bouc comme proie, mais il n'en avait pas la force. Aussi, elle se dit que si la lutte ouverte n'était pas possible faute d'adversaire, elle optait alors pour celle de dessous, insidieuse empruntant le chemin de l'ésotérique.

L'amour et l'amitié sont sélectifs, mais la rivalité est une contrainte que l'on vit dans sa chair. Dulcinée ou femme abandonnée, l'autre entre forcément dans la définition du bonheur personnel de chacun, dans celui du mari et des coépouses. C'est par soustraction que l'on voudrait vivre le bonheur car la polygamie est égoïsme qui ne privilégie que le duo ; l'être et son élu(e) du cœur.

Le marabout était à donner du travail à un talibé qui devait recopier des sourates du Coran sur une ardoise. Ces écritures lavées deviendraient un breuvage mystique ou un adjuvant pour pommade à des fins de parfaire la survenue d'un évènement ardemment souhaité.

Le maître mystique fut pourtant étonné de la voir revenir d'un pas aussi déterminé. Depuis la première visite de la dame, l'incrédulité le disputait à la rage de voir une femme si résolue même à tuer pour rester seule dans un foyer polygamique alors que c'était elle la deuxième épouse venue gâcher la quiétude du foyer d'une mère et de ses enfants.

Toute profession s'impose une éthique et celui de marabout-sorcier n'était pas en reste. Le marabout que l'on appelait Mor Alaï avait lu l'entièreté du Coran sous la férule d'un maître sans cœur qui les jetait dans les rues de la ville pour mendier leur pitance quotidienne et lui ramener cinq cents francs tous les jours que Dieu faisait. Il était intraitable sur 'son racket' quotidien, se disant plus clément que ses compères car ils étaient eux passés depuis longtemps à sept cent cinquante et même mille francs par jour. Celui qui ne détenait pas le per-diem du maître devait annoncer son choix de reporter la somme manquante au lendemain ou recevoir dix coups de fouet pour chaque pièce de cent francs défaillante. Les candidats au fouet étaient peu nombreux et chacun disait promptement s'en remettre à la générosité des habitants de la ville le jour d'après pour se mettre à jour de cotisations obligatoires aux relents de vol d'innocence, de jeunesse et de précipitation dans le mal. Ces per-diem ont bouleversé le destin de plusieurs enfants en les assignant à un autre maître, celui de gangs de voleurs qui prenaient en apprentissage ces malheureux sous l'aile et bon an, mal an ; qu'ils aient pu voler ou pas, le patron leur donnait les cinq cents du maitre coranique mais aussi cinq cents autres pour manger et même de la 'dissolution' à sniffer pour se sentir bien et même souvent flotter sur les cimes des arbres quand on y ajoutait une sublime substance blanche. Ainsi, très peu de 'garibous' résistaient à l'appel d'un banditisme précoce et de survie.

Comme pour chasser ces terribles images de ses moments de galère, il passa la main sur son visage, fit ses ablutions pour demander le soutien de Dieu face à la tentation des deux millions cinq cents. Cette somme était conséquente, l'aiderait à pourvoir de meilleurs repas aux enfants qui lui ont été confiés par des parents dévots, soucieux de la spiritualité de leur progéniture et très peu au courant des dérives mortifères inhérentes à cette éducation. Il évitait de faire subir à ses émules les brimades et les cruautés endurées d'antan chez son maître.

De toute façon, il évitera de faire les sacrifices par lui-même. Ils étaient si difficiles à faire que cela a toujours arrêté de nombreux criminels sans aucune moralisation. C'est quand lui Alaï avait gagné la confiance de son terrible maître qu'il lui avait livré les terribles secrets de la vie et de la mort ; les larmes aux yeux car ces impénétrables antres clandestins sont aussi des gîtes du diable ;

celui avec lequel Dieu avait refusé de pactiser. Comment faire quand il s'agit de concilier bien-être et religiosité dans un monde aux tentations si puissantes qu'elles emmènent l'être à côtoyer le néant, l'immoralité même ; s'il ne veut sombrer dans la misère noire. Entre désirs compulsifs et pouvoir d'achat atrophié par des normes citadines trop onéreuses pour quelqu'un qui ne dispose pas d'un revenu régulier ; il y a ces hommes et ces femmes qui tentent le diable et demandent l'impossible quels que soient les sacrifices à consentir.

De toute façon comme le martèle la sentence de son maître spirituel 'si tu fais le bien, c'est le bien qui viendra à ta rencontre et si tu commets le mal ; le mal sera ta rétribution.' Ainsi, 'la mauvaise sauce est retournée par tous dans la marmite dans laquelle elle a été concoctée.'

Il était tiraillé par des sentiments contraires. Il était aussi dans une trajectoire diabolique car la décision de porter le coup fatal à des individus afin qu'une opportuniste puisse atteindre son rêve d'amour est inique. L'argent, la somme conséquente proposée l'avait hypnotisé. Il était dans un état de confusion bien compréhensible. Mais pourquoi ne pas donner à la femme un talisman factice ? La clause du contrat contenait sans conteste une obligation de résultat intrinsèque. La somme élevée était la tentation suprême et il voulait pour une fois tester les pouvoirs légués par son maître coranique. Il fut le seul à gagner sa confiance qui fonctionnait à crédit d'ailleurs. L'instinct à son summum était même au rendez-vous et empêchait la mémoire qui titillait le purgatoire de se manifester. Il savait qu'avec ce pactole il pourrait allègrement programmer un départ à la Mecque. Mais il croyait entendre son vieux maître coranique lui dire : 'djahanama !' ce qui signifiait enfer, en fait c'était le mot géhenne tropicalisé. Voilà une morale à double vitesse, le maître racketteur de petits enfants ne pouvait souffrir aucune malhonnêteté. Il s'écrirait que c'était de l'argent du diable qui ne pouvait que le mener en enfer.

Il était habité de tant de rage contre lui-même ; dans un état de conscience bouleversée. Où était partie cette partie de lui-même qui sanctionnait précocement les déviances ? Elle avait pris la poudre d'escampette dans une société de consommation dont l'attrait n'épargnait personne.

L'aliénation de son honnêteté et de son humanisme par l'appât du gain, par ces pratiques marginales diaboliques touchait déjà sa conscience alors qu'il s'apprêtait à poser l'ignoble acte.

Mor Alaï reçut Asséto et lui dit en lui tendant un morceau de papier bien ficelé de fils de coton écru :

'Ceci est à mettre dans la bouche d'un mort qui l'emportera dans sa tombe.'

Et sortant d'une calebasse une poudre noire, il mit quatre pincées dans du papier quadrillé en précisant qu'elle ne devait être mangée que par sa coépouse et ses enfants afin de semer une confusion nécessaire pour qu'opère le sacrifice mit dans la bouche du mort. Sinon, ils auront une révélation quelconque et une seule prière de l'un d'eux annihilera le mauvais sort ourdit contre eux.

'Pour les gros sacrifices comme le bœuf et les moutons, je m'en charge' avait ajouté Alaï sans sourciller car il savait que seulement cent mille suffiront allègrement à ce sacrifice. Une tête et quatre pattes sont l'analogon du bœuf et cette symbolique marche autant pour les moutons. D'ailleurs ne dit-on pas que le prix du maléfice est édulcoré par le délit qu'il représente ? En faire peu ou par minimalisme ne rechercher que des artefacts de substitution pourraient amoindrir le mal.

Le lent processus de désenchantement par rapport à l'humanisme d'Asséto était ainsi amorcé et les craintes apocalyptiques de sa

coépouse à l'annonce de l'agrandissement de la famille par une deuxième femme venaient ainsi d'esquisser un macabre décompte.

III. Le croquemort

Asséto s'empressa de prendre la route de l'hôpital où il trouva le gardien de la morgue assis aussi imperturbable qu'un mort même à sa porte d'enfer. Il avait une mâchoire d'âne, des dents saillantes ; pour celles de la supérieure jaunies par trop de noix de cola mâchée sans ménagement et sans hygiène subséquente aucune. Il semblait régner en maître sur un univers où la peur empêchait une approche vérificatrice même minime sur les corps qui lui sont confiés. Aussi, s'y menaient toutes sortes de trafic dont le détail horripile.

Il y a la salive du mort pour empêcher qu'un individu parle dans des circonstances particulières. Lors d'un procès, on vit un prévenu doté de parole qui ne put pourtant proférer le moindre mot le jour de l'audience. On ne vit que ses larmes couler quand on l'interrogeait. Il perdit ainsi son procès. Ce n'est que le lendemain qu'il recouvrit la parole. Son adversaire, une élégante à la sortie du tribunal disait très contente à son amie qui l'attendait : « Il n'a fait que verser des larmes. Si un mort peut parler, qu'il parle ! Malgré les multiples questions, il est resté muet comme une carpe. »

Asséto à la vue du croquemort eut un mouvement de recul qui fut ponctué par un éclat de rire du sieur gardien. Il dit avec une voix rocailleuse :

'Approchez madame, je ne mords pas ! La beauté n'a rien à voir ici ; elle finit dès le départ du brancardier qui confie les corps à ma discrétion et l'être à sa néantisation amorcée ne revient que rarement à la vie car la raideur du trépas entame déjà la vanité humaine.'

Dans le vestiaire de l'au-delà, les codes moraux semblent s'estomper complètement. Les parents des morts développent une peur irrationnelle de ceux qu'ils chérissaient une heure plus tôt. 'L'amour finit au tombeau' pour certains du moins ; dit le chanteur.

Croquemort en fait est ici un abus de langage. En fait, le sieur gardien de la morgue ne transportait pas les morts au cimetière, il n'était pas fossoyeur non plus. Il était payé par l'hôpital pour garder la chambre froide où les morts séjournaient avant que les parents ne viennent les chercher.

La femme expliqua les raisons de sa visite. Le croquemort, ou doit-on dire 'morguier' comme on appelle le gardien de ces lieux lugubres dans certaines parties de l'Afrique, lui dit le prix de l'entrée dans la chambre froide. Cependant, depuis qu'il a été hanté par un mort pendant plus d'une année pour une bague retirée de ses doigts raides sous l'instigation d'un dit parent ; il ne se mêlait plus de transactions de tierces personnes avec les morts. La bague était celle du chef d'adeptes d'une secte mystique puissante. Quand le successeur légitime vint pour la chercher, elle était partie avec l'imposteur ; volée, envolée. Lui, le croquemort fut tourmenté par les membres de la secte pendant trois bons mois et le mort s'y mêla même, trois jours après l'enterrement. Cogitation ultime, effraction dans la tombe après une enquête de près d'un mois furent vaines. Le croquemort dû repartir dans son village pour voir son vieil oncle qui le fit séjourner dans la fourmilière magique pendant deux jours avant qu'il eut la paix avec cette histoire de bague de mort.

Désormais, il disait à ses solliciteurs que :

« Celui qui veut obtenir quoique ce soit d'un corps, qu'il y aille de sa propre main et que ce soit sa propre âme qui s'engage. Moi, je prends le droit d'entrée, c'est tout. 'Chaque âme est l'otage de ce qu'il a acquis. Je m'en lave les mains à présent'. »

Il citait ainsi délibérément le Coran et Ponce Pilate. Il avait été à la bonne école, avait suivi avant le collège des cours coraniques mais les aléas de la vie avaient fait de lui un renégat de la société après une histoire de recel où il dût faire un tour à la prison pour six longs mois. Après, avec son faciès peu amène et sa force que l'on devinait grande, on chuchotait sur son passage et même pour un boulot de gardien ordinaire, on ne le retenait pas. Son oncle était un maître de l'ésotérique très réputé. Quand il apprit que le poste de gardien de cadavres était ouvert depuis deux mois sans candidats, il partit vite au village pour consulter le frère de son père afin de savoir si les mânes seraient favorables à l'occupation de ce poste bien inusuel. A la consultation il reçut l'assurance qu'il allait acquérir de la fortune mais ce serait une vie bien solitaire car la crainte du trépas éloignerait même ses proches parents. 'Advienne que pourra !' marmonna-t-il, au moins je pourrai subvenir aux besoins de ma famille. D'ailleurs, pour cette famille même après une dizaine d'année d'exercice de ce métier, il était technicien de surface à l'hôpital.

Il annonça cinquante mille pour l'accès au royaume des morts et cinquante autres pour lui donner accès au corps même. Il ajouta malicieusement que même s'il adorait les corps froids, il ne rechignerait pas devant un corps chaud pour lui ôter cette fébrilité soudaine d'une de ses membranes à la vue 'd'une si belle revenante potentielle'. La femme s'écarta avec dégoût et le sieur des morgues de la railler en disant que plus belle qu'elle mourrait tous les jours et devenait sa chose sans restriction. Et qui sait, elle-même pourrait mourir sur-le-champ et qui demanderait à vérifier les circonstances de sa mort. Ici c'est le terminus des accidentés mais aussi des morts subites et autres syncopes. Un croque-mort ne parle pas trop et personne n'ose s'attarder à le questionner depuis qu'il est à ce poste combien fui par tant d'humains.

Asséto se dit intérieurement :

« Qui cherche trouve et dans cette quête malheureuse, voici le diable qui multiplie les emmerdes ! Mais si le canari se cache sur la tête, le mieux à faire c'est de s'en laver avec l'eau. »

Quand la femme eut enfin accès à la chambre froide avec tous les cheveux de son corps hérissés, le croquemort ouvrit un tiroir d'un coup sec. La femme vit un homme qu'elle crut de taille moyenne et qui semblait dormir tant son air était serein. Pourtant, c'était un effet d'optique, le tiroir qu'elle surplombait et l'immoralité de sa quête lui faisait perdre les vraies mesures. Sinon, l'homme était plutôt grand, baraqué même.

Le Sieur croquemort dit avec dérision : « C'est le dernier arrivé dans mon royaume, la raideur cadavérique adviendra très bientôt, donc affaires-toi ! » Et il tourna le dos et sortit.

La femme mit le talisman de Mor Alaï dans la bouche du mort et la referma craintivement. Avant qu'elle n'ait atteint la porte, à sa grande surprise, le mort se redressa comme mu par un ressort et cracha le sortilège qui rebondit sur le mur et retomba sur le sol. Le jet avait été si fort !

La dame hurlait maintenant d'un cri strident. Le croquemort entra en coup de vent et demanda à la femme ce qui se passait.

« Il s'est réveillé, le mort s'est réveillé ! » criait la femme, hystérique, tremblant de tout son corps.

Calmement, le croquemort s'approcha du mort qui était pourtant allongé à nouveau dans son tiroir mais son front saignait légèrement peut-être qu'il avait cogné le rebord en fer de son lit provisoire. Il le toucha, tâta son pouls, lui ouvrit la bouche et dit à la femme :

« Mais il est bien mort, bel et bien mort même s'il n'est pas encore raide. »

Le temps est une commodité à l'appréhension multiple. Il est extensible à souhait lorsqu'on est heureux et pour qu'il soit complet ce bonheur, 'on élimine la peur d'un mal futur et le souvenir d'un mal passé'. On veut un temps s'étirant à l'infini ; en ces instants éternels. En revanche, lorsque l'on est pris dans les tourments du malheur, les heures se multiplient par la pléthore de soucis et s’éternisent par une appréhension du funeste qui appesantit tout, même le décompte des secondes. Tout est perception dans cette vie ici-bas.

La mort, c’est la vie qui s’arrête mais elle accélère tout. Les décisions les plus vives doivent être prises promptement sinon l’être humain devient pourriture, fuie par ses congénères comme s’il n’avait jamais été beau et vif.

‘Fais vite madame !’ Sinon un parent compatissant voudra venir s’assurer que son être cher est bien mort afin de déposer son espoir qui devient en ce temps un faix et porter son deuil.

La femme lui dit qu’elle n’affabulait pas car le mort s’était relevé, il avait craché le talisman. Il regarda la dame d’un air sceptique et lui dit de remettre le talisman encore dans la bouche du mort en sa présence. Elle le fit la main tremblante mais avant qu’elle ne se retourne vers le croquemort pour le prendre à témoin, on entendit un bruit sec suivit d’un souffle qui projeta une deuxième fois le talisman hors de la bouche du défunt.

La peur est un sentiment naturel, l’instinct de survie des deux protagonistes les rendant alertes devant tout danger potentiel fit qu’ils se retrouvèrent au coude à coude à la porte afin de sortir de cet enfer froid. Une fois dehors, le croquemort mordit dans une noix de cola 'crack' ce qui fit sursauter la femme déjà tremblante.

« Mais, toi-là ! Qui t'a donnée ce maudit talisman ? Ce n'est pas pour faire du bien en tout cas. Mais la probité c'est mon credo, j'ai déjà pris ton argent et je ne suis pas prêt à le remettre car j'en ai besoin. Viens ! Entrons à nouveau et cette fois-ci, je m'assurerai que ton satané de gri-gri reste dans la bouche du mort. »

Il sortit un petit rouleau de sparadrap de sa poche et sitôt le talisman mit dans la bouche du mort, il plaqua un morceau de cette colle là-dessus comme un baiser de ce monde pour le partant de l'au-delà et referma aussitôt le tiroir.

Une dizaine de minutes après le départ de la dame, il fit son inspection et quand il ouvrit le tiroir du mort qu'il avait choisi pour l'opération diabolique de la dame, le mort avait deux longues trainées de larmes des yeux jusqu'à la poitrine. Il le referma et se mit lui-même à pleurer car même le diable avait un cœur.

C'était un spectacle pathétique, désolant mais rassurant pour tous, prouvant que l'on ne pouvait éteindre complètement en l'être la compassion. Tristement, on ne peut qu'adhérer à la boutade de Tristan Bernard qui veut que ce soit Dieu qui ait crée le monde mais ‘c’est le diable qui le fait vivre’. Le système d’exploitation archaïque du cerveau ; celui pas encore entamé par un conditionnement qui blase l’individu était encore fringant et actionnait les nerfs de la commisération. Après avoir pleuré tout son soul, il se rasséréna. Essuyant ses larmes, intérieurement, subitement, il se posa une avalanche de questions, se demandant pourquoi ces torrents de larmes qu’il taxait de fleuve de lâcheté. Et puis, ce n’était ni lui ni le parent du mort. ‘Ce qui est fait est fait et ne peut être défait’ se dit-il finalement, s’étendant dans un ‘la ka dian’, un long fauteuil pliable abandonné par un parent de mort.

Le croquemort se haïssait pour l’entorse faite aux règles de gardiennage de la chambre froide. L’argent de la femme, il n’en voulait pas, il irait demain en faire offrande aux personnes en guenilles aux abords de la mosquée. L’habit ne fait pas le moine mais il savait par leur apparence famélique qu’ils tiraient le diable par la queue ou comme aimaient à blaguer les enfants, leur diable n’avaient plus de queue. La misère l’avait arrachée depuis belle lurette. C’était des victimes en chaîne des éléments de la nature, des bellicistes de guerre spirituelle qui s’attaquaient à tout le monde en représailles à leur affrontement avec l’armée. A leur tour, les kakis ulcérés d’avoir perdu leurs compagnons d’armes faisaient des amalgames et tuaient tous ceux qui s'habillaient comme leurs adversaires. Ils procédaient souvent à des exécutions sommaires eux aussi, rejoignant ainsi un fatras de rancune et de magma de pauvreté noire, indéchiffrable tant elle est inacceptable. Mais pour certains, la dernière chèvre avait été vendue et seule la bouilloire et le chapelet que le réfugié trainait partout rappelaient qu'il était vivant, croyait en Dieu toujours et gardait envers et contre tout l'espoir d'une vie meilleure.

Ces familles ballotées par les évènements, pris entre deux ou trois feux n'avaient d'autre choix que de choir dans la capitale grouillante de monde où ils croyaient se sentir en sécurité. Seule la fumée des voitures les incommodait, eux habitués à vivre à l'air libre non vicié. Si on ne pouvait pas choisir sa vie alors pourquoi ne pas choisir sa mort et celle à petit feu semblait plus attrayante. C'est au feu des grands carrefours qu'il y avait le plus de monde ; tous forcés à l'arrêt et à jeter un coup d'œil méprisant ou bienveillant vers cette horde en guenille qui demandait l'aumône. C'est aussi à ces feux tricolores que les gaz d'échappement était les plus toxiques. De toute façon, la peur est mauvaise conseillère et quand on a vu la mort en face plusieurs fois et qu'on y avait réchappé ; un peu de gaz carbonique était du baume temporaire pour l'âme avant son accumulation et la prolifération des pathologies. Qui parle même de faire de vieux os quand la pitance quotidienne posait problème ?

Quand on disait que les gardiens de morgue étaient sans peur, le croquemort remettait en question cette assomption quand il se remémorait la femme venue le voir dans la nuit. Ses larmes, de profonds sanglots prouvaient envers et contre tout qu'il avait un cœur et pouvait exprimer de la compassion. Il gardait la chambre froide mais son cœur ne s'était point refroidi comme cette impasse de l'être humain. Le croquemort avait toujours un peu de ce trop-plein de lait de tendresse humaine (milk of human tenderness), reproche de sa femme à Macbeth et pourtant symbole de commisération selon Shakespeare. C'était pourtant cette sève de vie et d'humanisme qui empêchait de faire du mal, comme tuer par convoitise le roi, acte résolument demandé par Lady Macbeth.

Jusque maintenant, même le souvenir de l'épisode de cette femme intrépide décidée à faire du mal donnait au croquemort la chair de poule. La vigueur avec laquelle le mort projetait le talisman était incroyable ! Cette femme était-elle humaine vraiment ? Des sortilèges il en avait vu avec des amulettes de toutes sortes, mais un gri-gri capable de mouvoir un mort et même de le faire pleurer ; c'était le comble !

Cependant, l'argent est convoitise et d'un attrait phénoménal. Il avait gardé les sous de cette dame presqu'à son corps défendant et s'était ainsi impliqué dans son crime ou du moins dans la profanation d'un corps. Son fils avait été chassé de son lycée pour non-paiement de reliquat de frais de scolarité. Il fouilla dans sa poche, enleva frénétiquement une enveloppe. Il y extirpa les trente mille francs demandés et rajouta cinq mille que le frère d'un défunt lui avait offert à l'enlèvement du corps. Il dit au fils que le dernier billet, c'était l'argent pour la cantine scolaire qu'il lui réclamait tellement à cor et à cri depuis la veille.

3.1. Femme et fantôme spécial

Asséto avait rejoint le domicile conjugal. Elle était allée directement sous la douche après avoir mis ses vêtements à la poubelle, solidement attachés dans un sachet noir. En passant devant le miroir, elle eut l'impression d'y voir une autre femme et non son propre reflet. Consternée, après sa douche elle s'y arrêta de nouveau. Elle voyait un spectre, les yeux injectés de sang, les narines soufflant du feu. Elle semblait translucide, ses os et viscères lui étaient visibles. Prise d'un effroi indicible, elle hurla et aussitôt, ses deux bonnes apparurent. Les deux adolescentes la trouvèrent tremblante, montrant le miroir d'un doigt tremblant. Spontanément comme dans une danse synchronisée, elles se ruèrent sur sa serviette à terre, l'enveloppèrent avec et la transportèrent littéralement dans sa chambre.

'Me voyez-vous ? Vous me voyez comment maintenant ?' Demanda-t-elles aux deux filles qui se regardèrent interloquées en se faisant des clins d'œil. Elles la croyaient en proie à une folie passagère et ne voulant pas perdre leur place se promirent par leur signe convenu, l'index faisant rapidement le tour des lèvres ; de ne rien dire. D'ailleurs, Asséto était émaciée, échevelée, sa perruque était tombée quelque part entre la douche et la chambre ; elle avait les lèvres sèches mais c'était tout !

'Tout va bien madame' répondirent-elles en chœur et disparurent de la vue de leur patronne.

Une fois dans leur chambre minuscule, elles personnalisèrent le débat et dans leur dialecte commencèrent à pérorer. Elles avaient ouvert le sachet noir aussitôt jeté par leur tutrice. Avant l'ouverture, elles croyaient y trouver un trésor mais une odeur fétide les enveloppa et l'une d'elles tomba lourdement sur le plancher. L'autre referma promptement le plastique noir qu'elle remit dans la poubelle.

Elle retrouva son binôme sur les fesses, tenant la tête. C'est sur ces entrefaites qu'elles entendirent Asséto crier comme si elle avait rencontré un fantôme. Elles l'ont vue nue en tout cas, mais c'était tout. La symbolique de la mère vénérée avait empêché les deux filles de bien la regarder dans le plus simple appareil.

Pourtant, Asséto se voyait toujours nue même maintenant habillée et parfumée afin d'éloigner les effluves de la mort. Mais les filles curieuses la trouvèrent entrain de couvrir le grand miroir de sa chambre avec du tissu. Tout ce qui lui renvoyait son reflet fut couvert rapidement avec l'aide de ses bonnes.

Quelle lubie ! Se dirent-elles. Ce qu'elles ignoraient, c'est que depuis que le talisman était dans 'le séjour des morts', même avant l'enterrement de leur victime, le sort avait opéré et Asséto verrait ses vœux exaucés mais rien ne serait plus comme avant dans sa vie. Elle sentirait comme le mort qui avait emporté le talisman dans la tombe. Elle le verrait souvent car il n'était pas en paix et ne pouvait aller se coucher avec les ancêtres. Elle-même Asséto se verrait diaphane avec ses os et viscères comme dans des rayons X, elle s'était transformée en un être surnaturel et c'est elle seule qui pouvait le voir, se voir comme un fantôme alors que les autres la voyaient normale. C'était à devenir fou, cette histoire rocambolesque.

La famille entra bientôt en ébullition car tant les hommes que les femmes tombaient à proximité de la deuxième épouse. Son époux, le premier pas qu'il fit à la porte de sa femme Asséto fut vacillant et se tenant la tête, marmonnait :

'Quelle horrible odeur ! C'est intenable !'

Il tomba lourdement à l'entrée de la chambre conjugale où il était écrit en lettres rouges sur un petit tapis : 'Welcome !'

La première femme en émoi accourut avec ses enfants. Les trois garçons et les deux filles ainsi que sa bru. Mais comme des mouches sous l'effet d'un insecticide, dès que le petit monde se pencha sur le corps presqu'inanimé du père de famille chacun tomba de son côté et le premier fils en travers du corps du père.

Les deux bonnes avaient appelé l'ambulance. Elles durent la rappeler pour signifier qu'il y avait en plus du père, six personnes tombées dans la même cour. La bru fermait ses narines à cause d'une odeur rance avait-elle dit, mais elle n'avait rien du tout comme Nia et Fila les aide-ménagères de Asséto.

Asséto même se terrait au fond de sa chambre avec les miroirs couverts et elle refusait que Fila alluma la lumière car ça lui brûlait les yeux se plaignit-elle. Fila s'appelait en fait Bawa mais depuis sa naissance en tandem avec 'sa moitié' Sena ; elle c'était tout simplement Fila diminutif de 'Filani' que la famille préférait. C'était elle la jumelle magique. On lui prêtait des pouvoirs prodigieux. Ses rêves étaient percutants car recelant le vrai, une réalité qui allait se révéler quelques jours plus tard.

Elle avait dit à Nia qu'elle se ferait la malle une semaine plus tard car elle avait fait un rêve dans lequel elle cohabitait avec un homme fantôme et une femme hybride mi fantôme, mi humaine.

Nia lui dit : « ça sort de l'eau mais il y a poussière dessus ! Tu as des rêves prémonitoires mais cette fois-ci, ce sont les dessins animés que nous regardons qui influencent tes songes. »

Fila répondit agacée que selon des symboles entrevus renforçant la véracité du rêve, 'ce sera la réalité et nulle part ailleurs que dans cette maison avec la méchante femme que nous servons', termina-t-elle.

On appela une autre ambulance et les deux se garèrent devant le portail d'Asséto, drainant les voisins parmi lesquels les plus intimes franchissaient le portail puis le seuil de la cour réservée à la première femme et à ses enfants. Ils jetaient des coups d'œil furtifs dans l'autre moitié de la concession où le spectacle grouillant des corps que l'on transportait glaçait le sang. Les deux ambulances, à la queue leu leu quittèrent le quartier en sirène.

Dès le départ des ambulances, des groupes de partisans et de détracteurs des deux coépouses se formèrent.

Les uns disaient :

‘On savait que cela ne pouvait que se terminer par un drame. D’une vie paisible avec une femme et enfants, Mor Salam a amené cette diablesse d’Asséto et depuis toute leur vie c’est l’enfer ! Envieuse, perverse elle amène même ses amants à la maison quand elle n’est pas de cuisine. Où a-t-on vu cela ?’

Quand on voulait diaboliser quelqu’un, le chemin le plus court est le mensonge et la diffamation. Un râleur invétéré menaça du doigt la mégère et ajouta : « Haba ! Pendant que Salam était tout le temps fourré dans les jupons de sa dulcinée ? »

D’autres explosaient littéralement contre la première femme, mentant que c’est sa jalousie qui avait engendrée tout cela par la sorcellerie. ‘Les jeteurs de sort peuvent tout’ et cette litanie semblait suffisante pour incriminer la femme déjà éprouvée par le désamour.

‘On ne peut même plus faire seconder la première femme dans la provision de la tendresse à l’homme sans problèmes !’ C’était en fait l’interjection d’hommes surtout. En effet, seul le mâle était habilité à entretenir des femmes multiples. Les femmes mêmes seules qui s’y hasardaient étaient frappées d’ostracisme social, pour ne pas, par un phénomène de modélisation ‘gâter les mœurs au sein de la société.’

A l'hôpital, toute l'équipe s'affairait autour de cette famille qui a été comme foudroyée par on sait quoi de mystérieux. Le père lui, son pouls était faible à l'arrivée mais à présent il avait rendu l'âme, parlant à un être que personne d'autre ne voyait, il lui dit :

« Fais ton travail, quand je t'ai vu avec le talisman dans la bouche, j'ai compris. On m'avait prévenu que Asséto était diabolique mais je n'y avais pas cru. Un fakir hindou lors d'un de mes voyages d'affaires en Inde avait prédit le maléfice du talisman mais je ne l'ai pas pris au sérieux. Adieu monde infâme, adieu mes enfants, pardonne-moi ma chère et vraie femme ! »

Il demanda à tenir la main de sa première femme et il rendit l'âme. Le regret est un puiné dit-on. Il arrive trop tard pour certains. Les incantations demandent des langues adroites sinon on se fourre soi-même le doigt dans l'œil. Asséto voulait le vide autour d'elle et de son mari pour le grand amour à deux. Mais voilà que c'est l'objet de toutes les convoitises et d'une concurrence féroce entre elle et sa coépouse qui venait de mourir au lieu de sa coépouse et de ses enfants. Eux, c'est-à-dire la mère et ses enfants respiraient normalement à présent. Une tante de la famille qui avait suivi l'ambulance à moto était en train de ventiler la femme et ses cinq enfants à tour de rôle avec son pagne plié en quatre bien qu'une infirmière la houspillait lui disant de les laisser faire leur travail.

Le premier fils fut gardé en observation mais on appela le frère de Salam pour les formalités avant la morgue. La première femme était trop secouée pour parler ou faire quoi que ce soit. Son premier fils en tombant sur son papa s'était cogné la tête contre le sol et se plaignait à présent de violents maux de tête donc lui, on ne pouvait pas signer de décharge pour qu'il retourne chez lui.

Tenéba la tante qui s'affairait avec le pagne replié pour ventiler les siens, se dépêcha de prendre sa moto, l'enfourcha promptement et fila chez Mor Alaï son marabout de confiance. Quand elle lui narra la soirée mouvementée chez Salam et la mort soudaine de ce dernier, Alaï sortit pour voir qui était sous son hangar et ne constatant pas de 'possibles espions' il murmura quelque chose à l'oreille de Téneba. C'est sa culpabilité qui demandait cette circonspection, il savait qu'il était passible de peine de prison pour association de malfaiteurs, complicité de meurtre et il tremblait tellement que le stylo s'échappa de ses doigts deux fois. Il traça les 'tourabous', effaça, fit une sommation et calcula je ne sais quelle projection et dit à Téneba que le diable était descendu dans la cour de son neveu et c'est par chance que seul le père de famille est mort. Ils devaient déporter les funérailles dans un autre quartier, chez le frère de Salam sinon le nombre de morts après l'enterrement irait crescendo. De plus, la première femme et ses enfants ne devaient plus retourner dans la concession familiale. Téneba lui dit qu'il semblait connaître plus qu'il ne voulait le dire. Il entra dans une furie telle que la femme lui demanda promptement pardon. Elle ne savait pas qu'il était l'artisan du talisman et sa mauvaise conscience lui demandait des comptes.

Mor Alaï était si désolé qu'après le départ de Téneba il se saisit de son chapelet, son long 'tassabia' et commença à l'égrener en marmonna des prières de façon ininterrompue.

Qu'avait-il fait ? Mor Salam mort ? Tout cela avait été si rapide ! Il croyait fermement comme dans la plupart des cas que la femme ne pourrait pas franchir l'étape du croquemort, le convaincre et mettre le talisman dans la bouche d'un mort.

'Je n'ai pas tué, je n'ai pas tué, j'ai émis le vœu de ne jamais tuer. Seule Asséto a tué, elle est maléfique cette femme, je n'aurais pas dû accepter son argent. J'ai repoussé les limites afin qu'elle désiste à cause de la forte somme d'argent et des épreuves jusqu'à un mort, fraichement décédé. Mais c'est une vraie teigne cette femme.

Il faut maintenant arranger ce qui est gâté et qui pourrait empirer avec la mort potentielle de sa coépouse et de ses enfants. Que Dieu ne le permette pas !'

Il fouilla frénétiquement dans son répertoire, retrouva le numéro de Téneba. Il l'appela pour une interdiction formelle de la femme et des enfants d'être au même lieu que Asséto. Ils sont en danger de mort, un vrai danger !

Il fit promettre à la tante de revenir chercher une poudre afin que la femme et les enfants se lavent avec et qu'ils en fassent brûler avec l'encens aussi.

Les funérailles se déroulèrent chez le frère de Salam sans accrocs majeurs puisqu'on n'eut même pas à insister pour que Asséto n'y participe pas. Elle était sonnée par les évènements, disait oui à tout ; pourvu qu'on la laisse tranquille et surtout sans miroir du tout. Bizarre la mutation ! Elle qui avait toujours deux miroirs au moins dans son sac pour périodiquement se mirer, se repoudrer le visage.

La première femme et ses enfants préférèrent rentrer au village pour oublier ces derniers épisodes macabres d'une vie qui autrefois était paisible. Souvent, l'existence s'engage à vous offrir le bonheur sur un plateau mais des êtres maléfiques interviennent et échangent la félicité contre le chaos en retirant de la relation conjugale et parentale la confiance, la concorde en ne laissant que des séances de vocifération cauchemardesque au fil des semaines, des mois et des années. Pour Salam, le diable était passé par là et l'avait emporté dare-dare.

Maintenant, il faut récupérer tout le restant d'énergie pour se recomposer une existence normale, sans joutes verbales insultantes dans son cas entre les enfants stressés surtout. La première épouse et ses enfants préféraient se refaire une vie mais loin de Asséto et même d'une possible visite de courtoisie de cet analogon de Satan.

Asséto avait à présent toute la maison à elle toute seule pour profiter de la vie pleinement comme elle l'avait désiré. Elle y avait le confort mais aucun répit ou paix de l'âme pour dormir ou manger à satiété. Sa hantise c'étaient les miroirs, alors ses déplacements étaient limités sinon pour l'odeur fétide, elle avait des astuces comme fréquemment en plus de l'encens matin, midi, soir mettre sous les aisselles et sur le bas de son pagne un parfum suave dont le flacon ne la quittait plus. Régulièrement, elle en pulvérisait un nuage autour d'elle mais auparavant autour du cou et sur ses poignets.

La pyramide de ses gains avait grandi après le partage de l'héritage de Salam qui était riche ; c'était cette aisance qui l'avait attirée d'ailleurs bien qu'elle ne l'ait pas expressément cherchée. Cependant, elle avait du mal à bien vivre.

Nia et Fila avaient fui car Asséto leur avait demandé de venir partager sa chambre. Elle disait qu'elle avait peur de dormir toute seule. Dès la première nuit, Fila qui s'était levée pour boire de l'eau en plus de l'odeur entêtante de l'encens percevait toujours celle rance qui les avait fait vaciller le premier jour. Asséto semblait d'abord s'être dédoublée dans son sommeil. A son retour de la cuisine, elle vit comme un squelette sur le lit, sa patronne était diaphane et elle se frotta les yeux et la regarda de nouveau. Elle avait l'impression d'apercevoir ses viscères et ses côtes. A côté d'elle trônait un gaillard qui semblait flotter. Il avait deux traces de larmes sur les deux joues. Elle laissa échapper un cri strident qui réveilla tout le monde en sursaut. Même le spectre sauta jusqu'au plafond et Fila cria de nouveau car il semblait en cet instant qu'il allait descendre assis en buddha directement sur la tête de la patronne. Mais comme un ressort, il avait maitrisé sa descente et était demeuré suspendu au-dessus de Asséto mais c'est Fila seule qui le voyait. Ce fut comme une illusion d'optique pour Nia, un trompe-l'œil. Elle frotta les yeux encore un peu ensommeillés et sembla voir le rictus bizarre du fantôme qui bloquait quelque chose dans sa bouche, sa joue en était gonflée.

La patronne piqua une colère terrible et leur intima de quitter sa chambre immédiatement. Elles se précipitèrent dans la leur et au petit matin tout était rangé et elles avaient toutes les deux leur baluchon prêt. Fila avait expliqué à Nia pourquoi le cri dans la chambre de la patronne. Elle lui avait bien dit que son rêve était une réalité. Le mystérieux hôte de la femme Asséto était vraiment un fantôme.

Même si Nia n'avait rien vu, elle croyait vraiment maintenant que Fila disait vrai. Si elles ne quittaient pas clandestinement la cour et si la patronne les y enfermait et refusait de les voir partir. D'ailleurs d'une cour auparavant grouillante de monde, à présent personne ne mettait le pied ou le nez chez Asséto alors que sa coépouse n'était pas revenue.

Le premier chant du coq coïncida avec l'appel à la prière du muezzin. Asséto, même du vivant de son mari avait la pratique religieuse bizarre. Elle ne priait avec zèle que quand c'était son tour de cuisine et que le mari dormait chez elle ou quand il commettait le péché du polygame en volant à Aïwa ses jours. C'était lui le voleur et sa nouvelle femme la voleuse selon les préceptes traditionnels. Pourtant paradoxe, c'est sa dulcinée dont le nom signifiait 'fin de vol' dans un appel pathétique de sa mère qui s'estimait la légitime.

Les jours où le mari était en voyage pour ses affaires, c'est même à l'heure de la prière qu'on entendait l'envoûtée des marabouts ronfler.

Les deux filles ouvrèrent leur porte avec circonspection. Une fois dans la cour, elles marchèrent sur la pointe des pieds. Seul le loquet du portail fit grand bruit et réveilla Asséto. Le temps qu'elle se lève, les filles avaient quitté sa cour et le portail se rabattit avec fracas. Elle arriva trop tard. Elle aperçut furtivement deux silhouettes qui tournaient au bout de carré. Elles semblaient courir.

Asséto rentra et ferma bien le portail, le cœur en compote. Les deux filles travaillaient bien et ce, à prix modique. Elles faisaient mieux la cuisine qu'elle-même. De plus, elles étaient incomparables pour la lessive et le rangement. Tout était 'nickel' dans sa chambre et dans la cour. Elles ne se plaignaient jamais même quand la radine Asséto les privait de repas sous des prétextes les plus bidons, les uns que les autres. Le prix d'un verre cassé était retenu sur le salaire ainsi que certaines mesquineries. Mais elles savaient pourquoi elle était là et ne sortaient pas pour aller vadrouiller. Le jour elles n'en avaient pas le temps et de nuit cela ne les intéressait pas. Elles voulaient assez d'argent pour préparer leurs trousseaux de mariage. De plus, l'important c'était de connaître la ville, le progrès, apprendre les nouveautés et les astuces de la vie, la cuisine exotique ; c'est-à-dire tant de la ville que d'autres ethnies avant de repartir vivre avec leurs fiancés. Ces derniers étaient aussi allés dans des villes de pays limitrophes pour se faire des sous et apprendre du monde. Les deux couples avaient rendez-vous l'an prochain. L'être humain s'évertue à apprendre plus que ce qui s'offre sous son nez pour mieux dominer le monde qui recèle tant d'imprévus pouvant l'anéantir.

L'ère technologique est si attrayante qu'il faut en avoir une esquisse dans les villes et faire partie du siècle. La ville devenait aimant pour certains et ce magnétisme les amenait à opérer des choix reniant les dispositions premières prises par la famille pour leur bénéfice. C'est la totalisation de la pluralité des occurrences de ce monde qui fait l'être accompli.

3.2. La rédemption : une quête impossible

La femme diaphane entreprit d'aller chercher une seule aide-ménagère à présent. Son mari n'était plus, la cuisine commune qui demandait la grande marmite était un vestige du passé. Elle s'arrêta au bord du goudron pour prendre un taxi. Un chien errant de passage se mit à aboyer furieusement à sa vue, grattant même le sol, montrant ses crocs. C'était un spectacle désagréable pour Asséto qui passa tout le temps à mettre de la distance entre elle et le chien en lui jetant des invectives et en utilisant son deuxième pagne comme bouclier. Les gens commençaient à s'attrouper. Un homme râblé, bien habillé, fourré comme toupaï s'approcha du chien et d'une brève incantation le fit fuir, la queue entre les pattes. Se tournant vers Asséto il lui demanda dans une colère mal contenue :

'Tu tues le chien ? Tu le cuisines souvent au menu ?'

La femme répondit par la négative et presqu'au bord des larmes dit qu'elle n'avait jamais mangé de la viande de chien.

Monsieur Toupaï lança à la foule que cette dame n'était pas claire, sinon le chien s'en prend rarement à des personnes sauf celles dont les âmes de chiens tués s'attachent au pas. De ce fait ; la femme doit être malfaisante et se promène avec le diable attaché à son âme. Les chiens comme les personnes perspicaces voient les fantômes, les personnes foncièrement mauvaises qui ont un pacte avec Satan.

Il était tout à sa diatribe quand un taximan ralentit en voyant une foule subite. La femme en profita pour le héler et s'engouffrer dans son véhicule et disparut alors que la foule s'affairait et les nouveaux venus sur la scène demandaient ce qui se passait et qui était cette femme dont tout le monde parlait?

Asséto sitôt descendue de taxi se faufila dans les ruelles du quartier mais à proximité de la cour où elle allait chercher les filles de ménage, un concert strident de chiens l'accueillit. Les badauds de part et d'autre de ce non loti commencèrent à sortir de leur entrer-coucher encore appelé 'ko ko ko me voilà'. C'était en ces lieux que chacun voulait matérialiser l'occupation d'une portion de terre afin de se voir attribuer une parcelle au lotissement. Il s'agissait d'une occupation anarchique où certains chemins débouchent directement sur une concession entourée de mur ou juste sur une porte d'entrer-coucher.

Asséto paniqua de se voir ainsi cerner par les chiens qui hurlaient et ces aboiements semblaient avoir la facture d'un cri de ralliement.

Il y avait au moins une dizaine de chiens aboyant furieusement. La cour qu'elle avait fréquentée une demi-douzaine de fois rien que ces six derniers mois lui semblait étrange. Une femme sortit précipitamment pour lui dire qu'il n'y avait pas d'arrivage de filles désireuses de travailler comme aide-ménagère. Avant qu'elle ne finisse de fouiller dans son sac afin de sortir un stylo et une feuille pour y inscrire son numéro pour qu'on l'appelle quand des filles arriveront du village la femme en criant bien fort pour survoler le hurlement des chiens dit que ce n'était pas la peine et une fois chez elle, elle referma le petit portail avec fracas. Asséto était interloquée. La femme d'habitude si respectueuse, si courtoise !

Ce qu'elle ne savait pas c'est que Fila et Nia étaient passées par là avant de rentrer au village. Fila avait narré son rêve ainsi que les péripéties de la tragédie de Salam. La femme en voyant Asséto émaciée et poursuivie par les chiens du quartier sut qu'elle flottait à présent entre deux mondes et savait pertinemment que Fila la jumelle disait vrai. Quand on n'est ni tueur, mangeur ou vendeur de viande de chien, les molosses ne t'escortent pas ainsi en hurlant.

La femme suffoquait littéralement et priait afin qu'Asséto n'entre chez elle afin d'insister pour qu'elle prenne son numéro de téléphone.

Etait-ce déjà l'antichambre de l'enfer ? En tout cas, on y entrevoyait un peu de la couleur de l'expiation. Asséto connaissait une sorte d'épreuve macabre, un petit enfer, une forme de purgatoire rien qu'avec les chiens quand elle mettait le nez dehors. Où qu'elle aille, sauf s'il n'y avait pas de chien ! Elle était poursuivie, malmenée par des hordes de chiens qui attiraient inexorablement les badauds. D'antan, elle ; Asséto, la belle, la conquête des cœurs était suivie du regard pour sa beauté. A présent, ce sont les chiens qui conviaient tout le monde à l'invectiver et la presser de continuer son chemin afin que les canidés ne s'éternisent dans leur espace de vie.

Après le partage de l'héritage du mari, une fois à la banque ; les clients en file indienne se retournaient pour la regarder. Ce qu'elle ne savait pas, c'est qu'elle dégageait une odeur terrible, nauséabonde et rance qui saisissait les gens à côté d'elle à la gorge. Une femme aux narines trop sensibles était sortie précipitamment pour 'vomir tous ses intestins'. Promptement, un homme sortit de la file et décida de l'escorter jusqu'à l'agent de banque afin qu'elle puisse terminer ses opérations bancaires et 'libérer les lieux'.

Pourtant, Asséto avait passé ses vêtements à l'encens, était entrée dans un brouillard de parfum deux fois avant de partir cette fois-ci à moto vers la banque. L'expérience désagréable de meutes de chiens à ses trousses avait des relents de folie en tout cas d'ostracisme social opéré par les canidés qui la classaient parmi les esprits et âmes en peine. Elle-même ignorait que le fantôme rendu démoniaque par le talisman la poursuivait, s'attachait à ses pas avec une rare fidélité. L'odeur insupportable, ce devait être lui ; mais elle ne s'en doutait pas, croyant que c'était du fait de la chaleur extrême et sa transpiration maintenant abondante étouffait vite l'odeur de tout parfum.

Elle avait sillonné la ville à la recherche du sacrifice qui l'aiderait à se débarrasser de la vision d'elle-même en squelette mais en vain. Elle avait commencé par l'immolation d'un bœuf, suivirent des sacrifices de cabris et de moutons. Mais la verve du féticheur dans l'anéantissement de la vision diaphane d'elle-même restait de l'ordre de l'impossible. Avec la mort de son mari, le cercle de ses amis se rétrécissait toujours un peu plus, les gens fuyant en apprenant comment Salam était mort à sa porte.

La constante maintenant c'est qu'à son approche les enfants, les fous et les idiots fuyaient, les nourrissons s'accrochant hystériquement au pagne de leur mère. Ce sont eux qui la voyaient en squelette humain avec un cerbère fantôme derrière elle ; à savoir celui du mort de la morgue dans la bouche duquel elle avait fourré et scotché le talisman. C'était un fantôme pathétique, toujours en larmes mais effrayant, très effrayant.

En fait le lendemain, tôt le matin, les parents du mort dont la bouche avait été scotchée vinrent le chercher. La tombe était prête depuis la veille. Du fait de la tradition chez Ngaou on n'enterrait de nuit que selon des paramètres à ne pas dévoiler aux profanes et l'adéquation des croyances aux évènements avait manqué de le sauver des agissements sordides de Asséto et du croquemort.

Ngaou n'était pas un nom mais un sobriquet de l'abatteur de chien le plus adroit de la ville. En fait c'était une interjection de mise en garde, de menace. C'était un nom attribué comme dans un acte de déconstruction de la terreur tant le sieur pataud faisait peur.

Pour satisfaire des appétits atypiques, les citoyens de la ville tout grade confondu se retrouvaient à la périphérie de la ville, dans des quartiers précaires pour manger de la viande de chien, de chat, de chauve-souris. Pour se justifier, ils arguaient que le chien et le chat surtout étaient protecteurs contre les sorciers et divers maléfices.

Ngaou n'avait d'autre métier que de sillonner les quartiers à la recherche de qui voudrait vendre son chien, qui voudrait se débarrasser de chats errants qui pénétraient dans la cour la nuit. Promptement il venait poser son piège la nuit et le matin repartait avec sa prise.

Ngaou était grand, un lourdaud aux pieds plats qui affectaient sa démarche. L'aboiement du chien était devenu son nom car on n'entendait que leurs cris quand l'homme aux mauvais desseins les concernant pointait du nez dans le quartier.

Les enfants avaient de lui une peur bleue et les mères pour intimer le silence aux pleureurs invétérés menaçaient d'appeler Ngaou. Aussitôt, l'enfant se taisait et s'accrochait à un bout de vêtement de la mère.

Ngaou, ne passait jamais inaperçu, son odeur ou son âme de tueur entrainait une fébrilité malsaine chez les enfants et les chiens qui s'ameutaient et commençaient à l'invectiver mais en se tenant à une distance raisonnable car il était tout le temps muni de son gourdin. Certains disaient que les chiens avaient une âme et c'est celle des animaux tués qui le suivait et le signalait à leurs congénères afin que les plus chanceux puissent s'échapper.

L'oncle de Salam l'avait bien mis en garde contre ce désir subit d'épouser une autre femme. Même s'il était dit qu'un musulman pouvait prendre jusqu'à quatre femmes, la porte du paradis est bien étroite pour le polygame car l'injustice faite à l'une ou l'autre rétrécit considérablement le salut de l'époux. La polygamie est une menace perpétuelle à la sérénité du foyer.

3.3. Bannie

La période des fêtes narguait les habitants de la ville de façon particulière. Tout semblait resplendir et projeter uniquement l'idée de fête et de gaieté. Les visages des passants s'illuminaient devant les étals des commerçants qui proposaient des vêtements, posant en relief les plus colorés. L'Afrique, c'est la couleur, les tons chatoyants reflétant le soleil, le flamboyant et le bougainvillier qui étaient tous en fleur d'ailleurs en ce moment. Ces arbres parodiaient vraiment la joie de vivre.

Chacun fouillait les étals à la recherche de cadeaux qui raviraient qui, un enfant ; qui, un ami ou conjoint. Il y avait apparemment ceux qui n'avaient pas en tête d'acheter quoi que soit mais ces personnes aimaient les attroupements afin de faire partie de la liesse, en demandant plus fort le prix de cette jupe rose et de ce corsage bleu-ciel plus que les autres clients. Ce faisant, c'est surtout un manège de femme ; elles cherchent pendant cet exercice du regard l'approbation des autres femmes toujours plus nombreuses en période festive autour des étals de vêtement.

Quand la dame, celle qui avait élevé la voix, après avoir considéré le prix proposé par le marchand et n'étant pas prête à discuter reposait la marchandise ; aussitôt au moins cinq mains se ruaient sur la même jupe rose. Les gens ne sont attirés que par ce qui intéresse d'autres personnes. Sortir du lot les deux vêtements s'instituait comme un parrainage, une détermination de leur valeur. Ils devenaient alors comme la prime fleur de toutes ces pièces d'étoffes éparses.

C'est Oumou qui venait de reposer la jupe et le corsage. En voyant Asséto approcher avec son panier, elle dit en tenant les vêtements que Salam, avait 'yougou yougou' et pris cette femme-là comme ça et depuis, on ne peut plus respirer. Elle joue la coquette, la femme riche. Tous les regards se tournèrent alors vers sa presque copine et brusquement, les nez se détournèrent. L'odeur, une horrible odeur fit fuir presque tout l'attroupement autour du vendeur de vêtements.

Promptement, une femme alla chercher la sécurité du marché en expliquant brièvement que c'était une femme qui avait frotté des potions maléfiques et puissantes pour venir tuer des âmes innocentes dans le marché.

« Venez et vous vous en rendrez compte ! » criait-elle.

Le garde appela deux autres de ses collègues et ils s'acheminèrent vers la femme presque seule, hébétée.

Quand ils s'approchèrent, ils s'aperçurent que c'était pire que ce que la femme exaltée racontait. Tel un chien galeux, à distance respectueuse ils lui montrèrent leur bâton et par ce biais, dirigèrent son regard vers la sortie. Voilà, elle n'avait rien fait, mais la voilà interdite d'accès au marché, c'est injuste, très inique pensait-elle.

Oumou quant à elle exultait. Elle était toujours de l'ambiance, soit elle en créait ou elle était au centre de toute effervescence joyeuse avec cent idées à offrir gratuitement à la volée. On la mandait pour l'achat de cadeaux d'exception pour l'association du quartier ou pour les emplettes de la cuisine de mariages et baptêmes.

C'était l'amie d'Asséto, une amitié enterrée aujourd'hui car par-delà le brouhaha, la femme de Salam avait aperçu Oumou et sut que c'était elle à la base de son expulsion du marché, un lieu public.

D'ailleurs, c'était une amitié qui allait à vau l'eau depuis que Salam était entré dans la vie de l'amie ; la jalousie aussi avait fait son œuvre entre Asséto et Oumou qui se voyaient rarement mais le foyer apparemment luxueux de Salam avait mué l'amitié des deux amies en animosité couverte ; avec de la braise ardente sous la cendre.

Elégance dans la démarche et dans le maintien, Asséto à cause de l'odeur nauséabonde qu'elle dégageait était à présent l'ombre d'elle-même. Elle ne pouvait toujours pas se voir en image, elle ne s'y voyait qu'en squelette et cette vision pouvait la hanter toute la semaine. Mais voir son reflet était inévitable en ville où l'évolution imposait la pose de vitrine dans tous les commerces et dans la plupart des maisons d'habitation. L'être humain est narcissique et au-delà de contradictoires minimes, voir son reflet confortait une estime de soi ou instiguait des décisions vestimentaires et d'attitudes pour mieux se sentir dans l'aventure qui le lançait tous les jours que Dieu faisait à la conquête de ses désirs, du monde.

On porte le bonheur avec allégresse, il nous redresse. En revanche, le malheur est lourd à porter. Tout individu ploie sous son joug, il affaisse les épaules, fait baisser le regard, alourdit même le pas. En la matière, Asséto n'avait qu'une seule envie, celle d'aboyer afin de sortir toute sa détresse émotionnelle.

Pendant qu'Oumou resplendissait à présent, arrêtée à tous les six-mètres pour qu'elle raconte l'histoire, la chute sociale dramatique d'Asséto. C'est pour signifier que tout le quartier plébiscitait

Oumou et sa langue de vipère avait fait d'Asséto la parvenue. De voleuse de mari, elle était devenue la faucheuse même depuis la mort subite de son époux. Maintenant, à cause de l'épisode du marché, elle n'osait plus sortir de chez elle car on alléguait une odeur qu'elle-même ne sentait pas du tout.

'Il y a plus de choses naufragées au fond d'une âme qu'au fond de la mer' dit Victor Hugo et en fouillant l'âme d'Asséto tous ses désirs de gloire et d'amour inconditionnel jonchaient le tréfonds. Elle ne cherchait maintenant qu'un bonheur simple comme pouvoir sortir paisiblement de chez elle et aller faire une petite balade, aller papoter au marché. Tous ces petits plaisirs lui étaient désormais interdits.

'Radical dans les décisions ultimes comme le criquet, il s'échappe en te laissant la cuisse entre les mains' dit-on d'un être qui ose tout pour s'échapper d'une situation scabreuse. Cette allégorie seyait tant à la première épouse qui avait tout lâché, son confort en ville, ses amies. A la rentrée suivant le décès de son mari, deux de ses enfants durent revenir à la ville pour leur scolarité. Ils préférèrent aller loger chez leur grand frère déjà marié et mirent la maison familiale en location.

D'ailleurs pour Aïwa la première épouse, il y a une chanson qui fait les hits dans toutes les radios de la place. 'Quand quelqu'un laisse, quelqu'un prend, la serpillière de quelqu'un peut devenir serviette de l'autre' assène le refrain et quelqu'un faisait une cour assidue à Aïwa au village ; un instituteur qui ne s'était jamais marié. On racontait avant l'arrivée de la veuve de Salam qu'il devait être impuissant car des filles du village étaient allées le provoquer jusque tard dans la nuit chez lui mais sans résultat. Il attendait parait-il l'amour de sa vie et le premier jour où il vit Aïwa débarquer du bus, son cœur se mit à battre à tout rompre. Il sut qu'il l'avait ainsi trouvée, son âme sœur.

Après une courte période de convenance où il abordait timidement Aïwa sur la route du marché, il finit par pointer du nez chez elle et devint le 'tonton' des deux derniers enfants restés au village avec elle. Prend soin des enfants d'une femme et tu pourras ainsi conquérir son cœur dit-on. Ce jeune prodige nourrissait déjà les fantasmes d'Aïwa. Ses sentiments d'une apparente neutralité depuis l'épisode Asséto étaient en standby. Ils se réveillaient tout doucement. Alors, la sensualité se parait de ce réveil bienfaisant d'émotions.

Salam au ciel, la jachère du cœur d'Aïwa prit ainsi fin, la mettant sur un petit nuage avec l'instituteur du village. Elle avait affronté la violence de l'existence avec philosophie, sans le moindre gémissement. Sa nature introspective lui évitait une radicalité décadente dans les relations familiales et conjugales. Mais cette nature n'occultait point une dose d'onirisme et d'idéalisme. Elle rêvait de bonheur comme tout être en proie à la dureté de la rivalité et aux émois du cœur. La solitude du cœur qu'elle a pendant si longtemps contemplée et fait corps avec s'estompait tout doucement comme le crépuscule qui s'en va se coucher subrepticement en laissant tout l'espace au jour resplendissant et vorace. L'amour fait des miracles et il amorçait tout doucement sa mythique embrasure hypnotique au profit d'un cœur au bord de l'assèchement qui ne demandait qu'une irrigation bienfaisante. La chrysalide ouvrait ainsi des ailes et progressivement devenait papillon pour prendre son envol aux côtés de l'âme sœur.

Certaines personnes valent de l'or pour ceux qui connaissent leur réelle valeur. Voilà pourquoi un désastre amoureux ne devrait pas installer le désespoir chez qui que ce soit. Le marché du cœur est fait de paradoxes, de concurrence déloyale, de subterfuges divers. Alors si l'on échoue une fois, deux fois, cela signifie que l'on est juste humain et que l'on peut continuer à chercher l'âme sœur indéfiniment. 'Ni do'h ko I da ka kuna, do'h ko a kusu-kousu ka kè n'ta kono !' Ainsi ; quand un amant pour te désavouer ne voulant plus t'embrasser te dit que tu empestes de la bouche, sois positive un autre te dira sous peu : 'rinces ta bouche pour la déverser dans la mienne.'

L'amour c'est une traque infinie pour cerner les désirs de l'autre, anticiper ses élans ; quand on croit avoir gagné et que l'on plante son drapeau victorieusement, souvent ironiquement c'est en ce moment qu'un autre être avec une désinvolture suprême vient déboulonner le drapeau et sans jamais eu à suer quoi que soit s'implante durablement sinon définitivement sur votre territoire ardemment conquis.

Les nouvelles technologies de l'information et de la communication ont rehaussé considérablement le niveau de supercherie en amour avec des mensonges les plus incroyables pour berner l'autre. On n'aime pas sa propre image, qu'à cela ne tienne ! On substitue une photo de star à la sienne pour aller à la conquête des cœurs. On croit faussement qu'un destin grandiose est lié à l'apparence. L'estime de soi est au centre de ces manœuvres abjectes qui débouchent finalement sur le chaos. En effet, de virtuel, la relation fantasmée est obligée de se présenter finalement en réel et le mensonge multiplie considérablement les déceptions et enlaidit l'avenir relationnel pour tous ces déboires et de l'idéal anticipé mais déçu. La malhonnêteté débouche sur la honte de celui qui voulait leurrer pour se faire aimer.

'La beauté est une construction du regard' sinon 'l'œil c'est de la matière aqueuse, si tu le touches, il peut se casser.' Le marché de l'amour est une foire de dupes maintenant avec de faux seins, faux cils, faux ongles, fausses fesses, fausses lèvres tout cela pour séduire alors qu'il suffit que les âmes s'accordent pour relativiser tous les artifices et prendre dans son cœur la fille plate sans seins ni fesses protubérantes au grand dam des adeptes d'une dite perfection par la chirurgie esthétique. Quand un être t'aime, même tes défauts lui sont agréables.

Avez-vous entendu parler de l'amour pour l'impotente ? Il est entier, élargissant le champ des possibles aux amoureux malgré le handicap affectant l'un d'eux, souvent c'est à cause de ce handicap que l'amour est encore plus fort.

En revanche, infailliblement, l'univers d'exploration et de parcours d'Asséto se rétrécissait comme une peau de chagrin. Après le marché, ce fut la mosquée et même Mor Alaï finit par lui interdire l'accès de son espace de divination en lui disant qu'elle avait été prévenue. Elle répliqua que les objectifs pour lesquels elle avait tant dépensé n'étaient pas atteints car c'est l'être qu'elle chérissait le plus au monde qui était mort pendant que sa coépouse et ses enfants avaient juste fui. Voilà qu'on lui rapportait qu'elle filait le parfait amour au village. C'est comme si elle avait par le talisman crée le bonheur de sa coépouse à ses dépens.

Sentencieusement Mor Alaï dit que si tu fais le bien, le bien te revient. Quant au mal perpétré, il a un effet boomerang décuplé, sûrement, s'il rate la cible vers laquelle il a été envoyé. D'ailleurs l'odeur nauséabonde l'incommodait et dans un mouvement d'agacement, il se mit promptement sur les pieds et intima Asséto de le suivre. A son portail, il la congédia sans ménagement et tira le loquet.

Le fantôme, le premier mois qui suivit l'enterrement était calme. Mais maintenant, il tiraillait celle qui avait scellé son sort, le liant au sortilège et au diable par le talisman. Maintenant leurs deux destinées se tenaient par la main, inextricablement se tractant l'une, l'autre. Deux sorts dans le macabre ; elle, attachant sa quête égoïste au sien for sinistrement en lui fourrant le talisman dans la bouche ; lui refusant le salut, le repos dans l'au-delà.

Etait-ce une vengeance de l'âme des chiens qui demandait expiation ?

Le chien est l'ami le plus fidèle de l'être humain. Selon une façon poétique d'en découdre avec sa femme dont la trahison était arrivée à ses oreilles, un homme aimait à dire en invectivant celle-ci :

'Si toi ma femme et un chien tombaient dans un puits, walaï, je sauverais le chien et te laisserais pourrir dans la fosse. Il n'y a pas plus fidèle qu'un chien. Quant aux femmes, il faudra y revenir après la fin du monde !'

La femme disait : 'Tchourr ! Qui voudrait devenir le chien de qui que ce soit ! Je n'ai que faire des chiens ni de leur compagnon.'

Ces mots inauguraient une chasse-poursuite dans la cour jusqu'à ce que le voisin passe la tête par-dessus le mur mitoyen pour leur dire qu'ils avaient dépassé l'âge de bagarres creuses et perpétuelles.

Le gardien du cimetière vit arriver une femme essoufflée qui lui intimait d'ouvrir le portail. Intrigué, il s'approcha d'elle mais une odeur nauséabonde le fit reculer.

'Que voulez-vous Madame ?' Hurla le gardien.

C'est Ngaou qui avait réussi à prendre la direction du corps de Asséto, il hurla en retour que c'était chez lui le cimetière et par le grillage du portail pointa une tombe dont le tas de terre amoncelé n'avait pas été lavé par la pluie pour le moment.

Regardant la femme, le gardien du cimetière se rendit compte que bien que ce soit une femme qui se tenait devant lui, la voix était celle rocailleuse d'un gaillard. Avant que le gardien ne puisse faire quoi que ce soit, la femme enjamba le mur et tomba dans le royaume du dernier repos de l'être humain. Prestement, elle se dirigea sur la tombe de l'homme ; celui dans la bouche duquel elle avait fourré le talisman. 'Quand tu dis qu'un adversaire ne verra pas la nuit pour ses secrets, toi aussi tu ne verras point le jour pour te diriger, t'éclairer.'

Assujettir un mort à ses objectifs égoïstes et macabres à atteindre ! Cela demande un sacré courage mais malheureusement aux conséquences, néfastes, très néfastes. Des ambitions démesurées que rien n'arrête font le nid des drames.

Asséto faisait corps et âme avec sa créature. Ils habitaient tous les deux le corps de la femme avec les conflits que cela cause. Aparté, dialogue houleux à deux voix, celle de l'homme et de la femme.

Asséto étala son deuxième pagne sur la tombe et tomba dans un sommeil profond. Le gardien les jours suivants ne put la déloger du cimetière et la tombe particulière de Ngaou était son domaine, sa chasse gardée. De bouche à oreille, ses parents ameutés vinrent la reconnaître dans ce domaine si peu visité par les vivants et quoi qu'ils firent, ils ne purent l'en déloger. Tout nouveau, tout beau ; même la folie à ses débuts est exaltante tant pour le fou que pour les enfants provocateurs. La nouvelle folle du cimetière drainait du monde. Les enfants avaient trouvé un nouveau terrain de jeu et la méchanceté du gardien n'y faisait rien. Mais, cette fièvre malsaine d'aller découvrir la folie à ses débuts avec des manifestations insolites comme l'aboiement tomba progressivement.

Elle était devenue insaisissable, invincible pour la possession des trois mètres carrés convoités du tombeau de Ngaou. On l'amena en psychiatrie, elle s'échappa afin de rejoindre la tombe de sa victime.

En fait de victime, qui était vraiment la vraie victime, la proie, le martyr de l'autre ?

Elle hurlait souvent. On raconte que c'est quand l'âme des chiens tués par Ngaou entrait en elle en même temps que le cerbère lui-même que les épisodes d'aboiement se faisaient denses au point de nécessiter souvent l'intervention du gardien avec un fouet. C'était à la vie, à la mort avec le quotidien, le sceptre. La vision rien que de son squelette et de ses viscères en souvenir et le harcèlement de l'âme de l'abatteur de chiens, mais aussi ceux des canidés l'effrayaient toujours. Quand la mémoire se tournait vers ses stockages avec des espaces à vitres et miroirs ; elle se tenait prostrée souvent sur le tas de sable, fermant les yeux comme si cela pouvait repousser la vision macabre alors que quelqu'un d'autre ne voyait rien.

La flagellation s'était instituée entre Asséto et le gardien comme un rituel qui se terminait par une partie de jambes en l'air dans ce sanctuaire de la mort auquel ils appartenaient tous les deux. Ainsi, quelques mois plus tard, on vit Asséto avec un ventre protubérant. Sa quête légendaire d'enfant avait trouvé de la graine. Elle était enfin enceinte.

« Que le sort peut s'avérer cynique souvent ! » dit une femme qui la connaissait d'antan comme épouse de Salam.

La vie citadine induit à certains une mobilité de bout en bout, mais la nouvelle folle allait en pérégrination certes, mais elle restait scotchée à son tombeau. On la voyait fuir à toute allure quand elle passait devant les vitrines, se cacher le visage et hurler parfois à fendre l'âme. D'ailleurs même dans cette perte de ses capacités mentales, elle avait repéré les allées et boulevards où il y avait trop de miroirs et les évitait soigneusement.

Le délice fournit la juste mesure de contentement pour l'être raisonnable. Cependant, pour l'insatiable, chercher au-delà de l'humain la dose enivrante de bonheur au détriment de tout humanisme induit d'aller aboyer avec les chiens sur les tombes.

L'altruisme dose l'empathie et pave la voie pour une vie heureuse pour soi et pour l'autre. Mais quand l'égoïsme et la vanité prennent le pas sur la compassion, l'explosion des conséquences c'est à l'intérieur de l'être et cela peut s'avérer fatal. Trop d'immondice comportemental implose l'âme et fait le malheur de l'intolérant.

Pour La Fontaine dans sa fable sur les flatteurs s'offusque car 'on dirait un esprit anime mille corps' alors qu'à présent, dans sa métamorphose c'étaient plutôt mille esprits qui animaient le seul corps d'Asséto et hantaient son âme. Elle a voulu contraindre le sort aux dépens des autres à la recherche effrénée d'une félicité qui ne peut pourtant pas se vivre en solo. L'être humain est un animal social et Bernanos disait qu'être capable de trouver sa joie dans la joie de l'autre ; voilà le secret du bonheur. Mais cela, la femme dans sa quête égoïste avait foulé du pied toute commisération pour chercher un bonheur narcissique dans la possession et dans la férocité ; ce qui était trop cruel pour être homologué des Dieux.

Les belles-mères ont l'habitude de narguer leur bru en asséna qu'elles n'avaient pas circoncis leur garçon pour elle seule. C'est comme si l'infidélité ou la polygamie chez l'homme devrait être acceptée de cœur joie. C'est comme si le mâle était un processeur multi-cœur avec plusieurs organes fonctionnant pour chacune de ses conquêtes. Comme cela n'étant pas ; il devient forcément faux, le cœur ne pouvant battre que pour une seule femme à la fois.

Si tout semble permis, le monde est pourtant ordonné, répondant à une morale sociale que l'on ne peut enfreindre impunément. Selon une étiologie propre à tous les peuples, les constantes changent rarement. Les sources parallèles d'éducation qui autorisent les manifestations d'orgueil humain au détriment du prochain montrent leurs limites au résultat. Autant le soleil ne se lève jamais à l'Ouest autant on doit veiller à ne pas énerver les génies tutélaires du jour et de la nuit en préservant son âme et celle des autres de macabres agissements. Sinon, dans cette attitude vantarde, on pense créer le monde. En fait c'est ce que chacun s'évertue à faire en persévérant dans son être pour son bonheur ; mais pas en le récréant selon des normes sociales et morales aux antipodes de la viabilité de la sociabilité.

Que d'avatars et de souffrance dans la vie d'une femme ! Après toutes ces vicissitudes, l'existence offre selon ce que l'on a semé ; c'est ce que l'on récolte. Le bonheur a ouvert sa porte à Aïwa alors que c'est l'enfer qui s'est refermé sur Asséto comme une tombe ; une tombe dans laquelle se trouvait le sortilège de sa poisse, son talisman.

IV. CONCLUSION

La vie est un manifeste de convictions et de résolutions pour relever les défis multiples de socialisation et de réalisation professionnelle. L'être est toujours mu par un idéal qui le lance à l'exploration du monde. Ce rôle moteur assiste l'émergence d'une ère d'identités nouvelles veillant à la promotion du bien-être, évitant le statisme, une fixité incommodante du destin. En la matière, le cœur énergique de la tradition s'inspire de différents cultes et mythes qui font le nid du rêve social partagé, pour des instants de communion comme le sacrifice ; à la recherche de ce qui semble d'emblée hors de portée.

Le focus de la sociabilité c'est regarder vers un horizon commun forant la nébuleuse des possibilités par la divination et le sacrifice. Mais qui dit sortilège mandate des forces spécifiques non usuels qui peuvent chambouler des vies dans des concrétisations délétères qui libèrent le démon et l'aident à étendre son règne funeste. Sinon, les sacrifices positifs s'insèrent dans un besoin de renaissance et de rédemption afin de persévérer et durer en ce bas monde pour y cueillir tous les bonheurs de la vie, quitte à aller rouler du roc perpétuellement en enfer, tâche absurde imposée par les Dieux.

Printed by Books on Demand GmbH, Norderstedt / Germany